胡雪岩管理日志

管理日志

张兴龙　潘竞贤◎编著

国学管理日志系列④

ZHEJIANG UNIVERSITY PRESS
浙江大学出版社

目 录

三月 用人

四月 人脉

五月　执行力

六月　创　新

七月　品　牌

八月　责　任

九月 舍得

十月 机遇

十一月　营　销

十二月　竞争与合作

正　道

第一周

星期一

商业精神的核心

身为一名商人，不能仅仅把"利"当作行事的唯一目的，"仁"、"义"是商业精神的核心，在商业活动中，具体反应在"智"、"勇"、"仁"、"强"四个方向。

笔　记

自古以来，商人重利轻别离，经商言利是理所当然的事情，大谈"仁"、"义"者常常被认为幼稚可笑。综观胡雪岩的商业管理智慧，我们就会发觉自己对商业精神理解的肤浅。

"智"者，知也，指的是商业经营方面的知识和智慧。大凡能够把商业经营到一定水准的商人，无不睿智聪慧。这其实也告诉我们，商人如果想成功就需要不断地充电，那种靠着一腔热血的蛮干绝不是商业精神。

"勇"指的是经商中要有敢于决断的魄力。经商者往往面对各种难以预料的情况，而商机稍纵即逝，优柔寡断者为"不勇"。胡雪岩在和洋人叫板生丝收购的贸易中，屡次遭遇险境，但是，他能够临危不惧，果敢决断，这就是"勇"的表现。

"仁"指的是经商者要公平竞争，不搞欺诈。这是经商成功的根本。从短期来看，可能意味着许多损失，但是，最终会因此被社会认可。胡雪岩的胡庆余堂药店的成功，其最大秘诀就在于"仁"。

"强"并不意味着蛮干硬拼，而是敢于冒险接受挑战。商机往往蕴藏在商人们大胆的探索之中，尝试探索的过程往往就是一次冒险行为。胡雪岩在当时经营典当行并不赚钱的情况下，进军典当行业，并且大获利润，这就是敢于开创、强势进取的商业精神。

借鉴"智"、"勇"、"仁"、"强"的商业精神,做到多学习商业知识、勇于决断、仁义公平、强势进取。

星期二
不招人妒是庸才

不招人妒是庸才。

笔　记

与西方民族相比,中国人一向把为人低调谦虚作为一种君子之风。在行为处事上,能够做到左右逢源、不得罪人才被认为是中庸之道。其实不然,如果是一群平庸的人在一起,大家一团和气地相处,这并没有问题。但是,如果其中有一个杰出的人,还要保持和平庸者一样的姿态,那就是对人才的扼杀了。古人所谓的锥处囊中即为此意,杰出人才与平庸者在一起不融洽、出现矛盾是正常的。

胡雪岩经商的时代,商人无数,但是,能够像胡雪岩这样从一个学徒工打拼成为中国巨富的,似乎只有他一个。这就注定了他与那个时代的其他商人相比,具有超于一般人的优秀才能,这也从一开始就注定了胡雪岩经商的过程就是被他人羡慕、妒忌,甚至仇恨的过程。正是出于这样一个现实的背景,胡雪岩才会提出"不招人妒是庸才"的商业理念。

但是,这并不意味着招人妒忌的就一定是人才了。胡雪岩杰出的商业智慧招到同行的妒忌,这是人性自私和商业竞争的必然结果,但是,胡雪岩与那种自大狂的不同之处在于,他并不因为自己杰出的才能而不顾及他人的妒忌,而是尽可能地化解他人的妒忌,尽力避免树敌过多的不利局面。例如他一直倡导"有饭大家吃"的商业理念,对于那些妒忌他的同行,也是如此。这是胡雪岩对自己才能的准确定位,以及经商中始终保持冷静而理性头脑的体现。

今天,许多商人面对妒忌往往无法保持公正的态度,要么畏首畏尾,因为害怕他人妒忌而停滞不前;要么刚愎自用,自恃所谓的才能而目空一切。这对于商人的成功是十分有害的。

行动指南

面对他人的妒忌,要树立"不招人妒是庸才"的自信心,既不能因为他人妒忌而畏首畏尾,也不能狂妄自负。

星期三
会做事会做官

光墉①是生意人,只会做事,不会做官。

笔 记

世人都知道胡雪岩的成功深得左宗棠的帮助,却很少了解胡雪岩结交左宗棠的过程是如何艰辛。胡雪岩依靠自己优秀的商业头脑和处变不惊的能力,不仅改变了左宗棠最初对自己极其恶劣的印象,而且与之发展成为生死朋友。

胡雪岩第一次拜访左宗棠的时候,左宗棠对他极其反感,言语很不客气,行为傲慢,然而胡雪岩抓住左宗棠西征新疆和剿灭太平军的洋洋自得的心理,大加称赞左宗棠的丰功伟绩,听得左宗棠心里非常受用,对胡雪岩的态度也慢慢缓和下来。当左宗棠夸奖胡雪岩积极筹粮为国出力时,胡雪岩却说:"大人栽培,在下自然感激,不过,有句不识抬举的话,好比骨鲠在喉,吐出来请大人不要动气。我之所以报效这批米,绝不是为朝廷褒奖;光墉是生意人,只会做事,不会做官。"

胡雪岩的这句话看起来是自我谦虚,实际上却是在夸奖左宗棠的做官能力,言下之意,我胡雪岩不过是一个商人,而您左宗棠大人才是官员中的典范。

有人仅仅把胡雪岩这种行为看做对左宗棠的恭维,其实里面还包含着另外

---

① "光墉"是胡雪岩的名。

一个重要的启示意义：这就是对于商人而言，需要和各种不同职业的人打交道，为此必须有足够的经验去应付不同职业的人。胡雪岩不仅懂得经商，更懂得为官者的心理，所以他才能消除左宗棠对他的成见。

行动指南

不仅要是商业经营上的智者，还要是通晓其他行业规则的智者。

星期四
持盈保泰

种种意想不到的机缘纷至沓来的时候，更要持盈保泰，要有临深履薄的警惕，处处小心，一步走错不得。

笔　记

《诗·小雅·小旻》云："战战兢兢，如临深渊，如履薄冰。"这是古人对始终保持不骄不躁、谨慎克己行为的一种规范。

胡雪岩善于从古人思想智慧中吸取经验，他成功地把这种如履薄冰的警惕和谨慎用于经商，做到处处小心，不得一步走错，此所谓小心驶得万年船。胡雪岩并不缺少冒险的精神，而他的大胆冒险并不是盲目蛮干，而是建立在深思熟虑的基础上的，这是他经商能够做到"持盈保泰"的第一个要义。

"持盈保泰"的第二个要义是在事业顺风顺水的时候也要保持如履薄冰的姿态。一般而言，在遇到困难和挑战的时候，保持谨慎的态度是非常正常的，因为这是人对于外界环境的本能反应。一旦"种种意想不到的机缘纷至沓来的时候"，能够做到"临深履薄的警惕"就不是一件容易的事情了。所谓得意忘形大多是因为事业太顺利而忘记了潜在的危险，最终往往导致意想不到的祸患。胡雪岩能够"持盈保泰"无疑是超越常人的坚定毅力和冷静分析能力的体现。事实上，胡雪岩在开办阜康钱庄的时候，就因为这种经商理念而避免了头脑发热、商业失败的悲剧。

今天,许多商人往往在遭遇不顺的情况下能够做到临深履薄的警惕;一旦事业顺利,尤其是突如其来的成功,就目空一切、无所顾忌,殊不知,后来的失败往往就是从这开始的。

行动指南

不仅要在困境中做到谨慎小心,还要在意想不到的机缘纷至沓来的时候,保持临深履薄的警惕。

星期五
自己人不要乱

遇到风浪,最怕自己人先乱,一个要往东、一个要往西,一个要回头、一个要照样向前,意见一多会乱,一乱就要翻船。所以大家一定要稳下来。

笔 记

胡雪岩在商业上创造的成就,并非完全来自他一个人的力量。最初他白手起家,后来逐渐形成越来越大的胡氏商业集团,在身边聚集了大批心甘情愿为其服务,或者对其鼎力相助的朋友,这些人可以统称为"自己人"。他们的存在构成了胡雪岩商业经营最稳固的人力资源,不仅帮助胡雪岩出谋划策推进其事业发展,还在其经营遭遇挫折和危机的时候,帮助胡氏共渡难关。可以说,没有"自己人"的作用,胡雪岩绝不可能有后来的成就。

但是,"自己人"并不是铁板一块,由于人员构成的复杂,即使自己人之间也难免出现嫌怨隔阂,而且,在利益面前出于维护自身的考虑也常常心怀异志,因此,如何能够让"自己人"真正发挥出集体的力量,能够帮助经营者度过危机,这显然是拥有"自己人"之后最重要的事情。

胡雪岩以个人的从商经历给我们提供了一个宝贵的经验:当遇到危机的时候,自己人一定不能先乱了阵脚。这实际上是在告诉现代商人们,遇到危机首先要做的并不是对付外来的敌对者和竞争者,而是先安抚好自己人,确保后院不能起火;然后再发动大家共同对付危机,这才可以避免经营者在危机中不会落得众叛亲离、孤家寡人的下场。

行动指南

在面对危机的时候,要先安抚好"自己人",避免后院起火,然后发动大家以集体的力量渡过难关。

第二周

只看将来

千万要沉住气。今日之果，昨日之因，莫想过去，只看将来。今日之下如何，不要去管它，你只想着我今天做了些什么，该做些什么就是了。

笔 记

胡雪岩的"莫想过去，只看将来"，从表面上看，是一种乐观面对失败和过错的态度，但从深层次看，却是深谙人生哲学的高度智慧。这可以从如下两个层面加以分析：

一是不要把时间浪费在追忆过去上。在胡雪岩看来，对过去行为的反思固然可以为以后的成功积累丰富的经验，但就商业竞争而言，当一个人用大量的时间想着过去时，无疑错过了当下重要的商机。因此，这样做不仅于事无补，而且还在制造将来的不幸。

二是只看将来并不是不顾及当下、对未来进行空想。中国人常常用"吃着碗里瞧着锅里"来讽刺贪得无厌的人，我们在做人方面当然应该以此为戒，但在商业竞争上，却需要这种放眼未来的精神。如果我们过去做得很失败，那么与其追悔过去还不如为将来扎扎实实地做点付出；如果我们过去做得很成功，那么与其享受过去的荣耀还不如想想将来如何继续再次创造这种辉煌。因此，胡雪岩提出的只看将来，在实质上是脚踏实地地为下一步商业发展做出的理性规划和实践努力。

胡雪岩不仅这样说，也是这样做的，他在经营钱庄的时候，就开始想着以后应该发展其他赚钱的行业；在经营不顺甚至遇到危机的时候，并不是顿足捶胸地懊悔，而是想着下一步应该如何走出困境。这些都是他"莫想过去，只看将来"商业经营智慧的实践。

行动指南

固然应尽量避免出现失败，同时并不因为失败而一直追悔过去，而应在遭遇挫折后坦然地规划未来的发展。

星期二

人性本善

总而言之，我看人总是往好处去看，我不大相信世界上有坏人。没有本事才做坏事；有本事一定做好事。既然做坏事的人没有本事，也就不必去怕他们了。

笔　记

胡雪岩说的人性本善，不同于老生常谈的那种观念。一般人往往理解为不分敌我的一团和气，是一种中庸主义。但是，胡雪岩却不同，他认为人性本善的核心在于有本事的人不干坏事。

由此看来，胡雪岩的人性本善，并不是说世界上没有坏人，而是坏人和好人在能力上有着本质的区别。如此一来，就赋予了"人性本善"这个传统论点的新解释。这对于他后来经商中保持大胆积极的冒险精神，以及乐观旷达的人生态度，都有直接的影响。

我们当下的许多商人，往往要么把竞争者看做你死我活、势不两立的仇人，要么好坏不分、无是无非。这种做法与其说是受到传统"人性本善"教育的结果，不如说根本没理解什么是"人性本善"。

行动指南

对竞争者保持宽容的胸怀，并不仅仅出于人性中的善良，还应理性地认识到"没有本事才做坏事"这一道理。

星期三
临危不乱

事情已经出来了，着急也没有用。顶要紧的是，自己不要乱。

我何尝不急，不过越急越坏事；人家晓得你急，就等着要你的好看了。

笔　记

　　胡雪岩能够成就其商业辉煌，固然不排除机遇和运气的因素，但与他临危不乱的坚忍性格是分不开的。

　　例如，胡雪岩最初开始做粮食生意，到浙东收购大米，米价从九钱一担涨到一两一钱一担。他所带的银子有限，根本买不了多少。胡雪岩毅然决定，把已买到的米原价出售，以平抑米价。消息立即传播开来，使得整个米市都受到影响，不得不降价出售。他十分冷静，并没有在市价下降时马上抢购，而是采取一边抛售、一边购入的策略，待米价持续下降，再悉数购回所需的米粮。对此他手下人十分担心，但是，最后的结果不仅证明了胡雪岩临危不乱的处置办法是正确的，而且还使得他在这次商业运作中狠狠地赚了一笔。

　　现代商人虽然同样明白临危不乱的重要性，但当真正的危机到来的时候，往往乱作一团，这固然和危机通常出乎意料地发生有着直接的关系，同时，还与商人缺少临危不乱的镇静和魄力有关。

　　当然，要养成临危不乱的性格并不是一朝一夕的，需要能够充分利用经商中无处不在的危机和意外，在复杂变幻的商业竞争中磨炼自己的意志。不妨借鉴胡雪岩的经验，深刻地反省"越急越坏事"的道理，做到"顶要紧的是，自己不要乱"。

行动指南

　　要在突如其来的商业危机面前，保持镇定，即使内心着急，也不能让手下和对手看出来。

星期四
同舟共济

有句老古话,叫做"同舟共济",一条船上不管多少人,性命只有一条,要死大家死,要活大家活。

笔 记

胡雪岩经商的成功,在很大方面得益于亲手打造了一个同舟共济的团队:

一方面,胡雪岩招揽忠诚效力的人才聚集在自己身边,发展成为同舟共济的"自己人",在面对各种商业危机的时候,这部分人成为支撑他渡过危机的最核心力量。例如,在他陷入钱庄挤兑风波的时候,正是依靠跟随他多年的手下的齐心协力,才有惊无险。

另一方面,胡雪岩又不把同舟共济者仅仅局限于所谓的"自己人",他能够把所有可以帮助自己渡过难关的人员都作为一条船上的人。即使是他商业竞争的对手,他也要把他们发展成为商业市场这条大船的拉纤者,让他们能够为这条船顺利行驶和靠岸贡献一份力量。例如,胡雪岩涉足江浙地区蚕丝生意的时候,地方民间组织长期控制着蚕丝市场,成为胡雪岩的最大竞争对手,但是,他能够劝说他们和自己联合起来同舟共济,共同对付洋人收购,这种做法远远比今天部分商人只顾拉"自己人"更有效果。

行动指南

在面临危机的时候,不仅要善于团结"自己人"同舟共济,还要能够把局外人,甚至是竞争者也笼络在一条船上,共同应对商业市场的风险。

星期五
做人不能失败

生意失败，可以重新来过；做人失败不但再无复起的机会，而且十几年的声名会付之东流。

笔 记

胡雪岩"做人不能失败"的理念，可谓是中国古代商业智慧中的经典。

生意做得好，只是衡量一个商人经商能力高的体现，并不代表做人的成就。即使生意失败，也不过是暂时的，对于一个有能力的商人而言，东山再起并不是一件非常困难的事情。但是，做人就不同了，古人所谓江山易改本性难移，不仅人品很难在短时间内改变，而且，人品给他人留下的印象也是很难被改变的。如果通过不正当的手段进行牟利，虽然可以赚取一时的利润，但最终还是要被人揭穿的；所以，商人销售的绝不仅仅是产品，还有商人的道德和良知，优秀的产品也绝不仅仅是技术上的优秀，更来自于经营者和管理者人品的优秀。正是因为这个原因，胡雪岩经商从始至终强调要"真不二价"、"戒欺"，从表面上看是为了创造好的产品信誉，在深层原因上，则不如说是胡雪岩要以优秀的人品来为产品树立形象。

今天，许多商人往往把做人与做生意对立起来，似乎经商赚钱就必须放弃做人。殊不知，做人好生意自然会好，做人差生意也不可能长久。

行动指南

借鉴胡雪岩"做人不能失败"的经商理念，以优秀的人品来塑造产品的质量，而不是以优秀的产品质量来掩盖人品的缺陷。

星期一
空手来去

我是一双空手起来的,到头来仍旧一双空手,不输啥! 不仅不输,吃过、用过、阔过,都是赚头。只要我不死,我照样一双空手再翻起来。

笔 记

在中国人眼中,"生不带来死不带去"的谚语可谓人人皆知。正是依据这条哲理式的古训,许多人表现出一种看透世事的从容和大度。但是,民间百姓对空手来去的理解往往限于吃喝用度上的慷慨,甚至是及时行乐、得过且过,而胡雪岩却把这个古训运用到对商业经营的理解上,这就赋予了另外一层深厚的题旨。

胡雪岩可以从一无所有成为一代巨富,那么其他一无所有者也完全有可能成为胡雪岩式的成功者。但遗憾的是,这种成功的潜在可能性往往被人为地遮蔽了,或者说被想成功的人自己轻易地放弃了。只羡慕他人的成就,而没有想到依靠自己的智慧去缔造另外一个胡雪岩式的传奇商人。这正如胡雪岩说的,"只要我不死,我照样一双空手再翻起来"。这并不是自我炫耀,而是对自己经历的切身体会,也是告诉我们后人如何相信自己、缔造传奇的"醒世恒言"。

许多商人在经营失败或者受挫之后,除了抱怨自己生不逢时之外,还常常感叹他人的天赋。诚然,胡雪岩的成就离不开他经商方面过人的天赋,但我们为什么不好好反省一下,他的天赋再高也是白手起家,而我们已经拥有很好的基础,为何不能充分地弥补天赋的不足呢?

行动指南

要想经商成功,对空手起家的自信心是必不可少的。

星期二
不 动 气

不要紧,尽慢不动气!

笔 记

胡雪岩经商告诫大家"不动气"的理念,并不是纯粹生理上的戒除恼怒,像圣人一样的处事不惊。其要义至少有两点:

一是优秀的商人必须有足够的临危不乱的魄力和气度。胡雪岩在经营上大谈"不动气",这是因为在困难面前保持"不动气"是作为一名成功商人的基本素质。商业竞争本身就存在无数的风险,即使你的运气再好,也不能保证一生的事业都会一帆风顺。因此,想经商,尤其是想在经商方面大获成功,就应该提前有这方面的心理准备和素质能力。

二是优秀的商人要有轻视眼前困难的"不要紧"的自信。古人常说,泰山崩于前而色不变。这固然只是极少数圣人和君子所为,但在凶险危机面前保持"一切都会过去的"的自信并不是圣人的专利。作为一般的商人,也许在最初的经营风险面前手足无措,但长此以往,就应该积累丰富的经验,同时树立足够的信心。只有那些把困难看做草芥一样的商人,才有可能在布满荆棘的成功道路上走得更远。胡雪岩在经营军需生意的时候,因为初涉此行业,缺少必要的经验,屡屡损失银子。为此,他心中非常恼怒,但是,他能够坚持"不动气"的经营理念,不赌气做生意,对于重大的商业决策,在冷静之后,以心平气和的姿态对待,这样就避免了感情冲动而误入他人圈套的危险。

当然,胡雪岩的"不动气"理念,并不是要我们当今的商人泯灭人性中喜怒哀乐的天性,而是告诫我们,不动气地经营事业,是衡量一个商人素质水准高下的重要标尺。

行动指南

可以因为生意失意大发脾气,但绝不把这种个人情感带到商业经营上。

星期三
善于用钱

既然人家叫我"财神"，我就是应该散财的，不然就有烦恼。

笔　记

　　胡雪岩因富有曾一度被人称做"财神"。与一般那种被称为"财神"的商人不同，胡雪岩在心安理得地享受这个尊贵荣誉的同时，并不满足于拥有惊人财富的美名，而是承担财神应该散财的责任和使命，由此导致了他作为"财神"与一般相对吝啬的"财神"之间的差异，也成为他经商成功的一个重要秘诀。

　　胡雪岩的散财行为既显示了自己的阔绰大方，为自己赢得了一个大善人的美名，打造了一面金字招牌；同时，也是发自内心的慈善行为。以往人们在对胡雪岩散财行为进行评价的时候，往往局限于第一个方面，把他的慈善行为看做商业营销的手段，这样就混淆了散财的客观善举和主观上帮助他人之间的区别。退一步说，就算胡雪岩此举出于商业目的，但只要想想那些和胡雪岩同时代的巨富商贾们，宁愿把大把的银子花在吃喝玩乐上，也不对穷人和社会施舍一分，难道这种慷慨之举还不如为富而不仁吗？

　　今天，许多商人在成功之后，热衷于慈善事业，其中固然有为公司赚取好形象的目的，但他们毕竟在客观上帮助了社会。相比之下，那些为富而不仁者们虽然在财富占有上是财神，然而本质上却吝啬自私。

行动指南

　　不仅要做积累财富的财神，还要做散财的财神，积极回报社会。

星期四

有所为有所不为

我说的收一收是能不做的生意不做,该做的生意要好好儿做。

笔 记

在许多人眼中,胡雪岩经商智慧甚高,他传奇般的从商经历,更加让人们相信世上没有胡雪岩做不成功的事情。他不仅能够从一穷二白的状态摇身一变成为一代巨富,而且在屡次遭遇灭顶之灾的危急情况下化险为夷。从这个现实角度上说,胡雪岩经商的能力的确是惊人的。但是,即使如此聪明绝顶,他也绝不刚愎自用,能不做的生意坚决不做。

古语云:"月满则亏。"这个世界上并不存在永远的胜利者,当一个人凭借个人的智慧和奋斗不断成功的时候,往往会滋生骄傲自满的情绪而忘乎所以,因此,适时地保持冷静的头脑,理性规划未来的发展,能够在一帆风顺的情况下有所为有所不为,实际上已经成为衡量一名商人是否具有卓越的自控能力的标尺。胡雪岩曾经在他人都不愿意做典当生意的情况下,勇敢地在东南地区开了二十多家典当行,并且取得了巨大的成功,这是有所为的典范。但他并不会因为自己的才能和智慧而忘乎所以,当他和洋人做生丝贸易的时候,他只做生丝收购的生意,而不去和洋人比拼机器加工,这就是有所不为。这种冷静和理性,确实值得今天的商人们好好借鉴。

行动指南

即使在最成功的时候,也不能忘乎所以地以为自己无所不能,要有所为有所不为。

星期五
有心做事

　　说老实话，一个人有了身价，惠而不费的事情，不知道有多少好做，只在有心没有心而已。

笔　记

　　胡雪岩说的一个人有了身价好做事，对于现代商人而言，具有丰富的启示和借鉴意义。

　　首先，经商想要成功必须充分利用各种可能的因素，其中包括一个人的地位和身份，一个商人如果拥有比较高的身价地位，可以更容易获得他人和社会的信任，这就非常有利于商业的成功。精明的商人就会充分利用这个规律，在身价和地位上做文章。

　　其次，胡雪岩强调的有了身价好做事，关键在于有心做事。一个人想获得经商成功，不可否认要拥有一定的经商天赋，但这些并不是最重要的，或者说，商人既然无法改变天赋，那么为什么不对可以把握的后天命运加以留心呢？纵使胡雪岩这样在经商方面拥有过人天赋者，都一再强调要用心做事，更何况我们普通商人呢？

行动指南

　　不因为自己的天赋而放弃时时留心、处处留心的优秀品质。

星期一

正视钱财

生意人往来贸易,不外为的是将本求利,赚取银两,可是钱财毕竟是身外之物,生不带来,死不带去。

笔　记

在中国,"钱财乃身外之物","生不带来,死不带去"的观念可谓人人皆知。但是,这并不代表人人都能够做到,事实上,恰恰是那些嘴里念叨最多的人把钱看得最重。正视钱财不在于嘴上说说、心里知道,而是能不能在行为上真正做到把钱财当做身外之物。

胡雪岩在这方面堪称商人的典范。这种行为看起来属于纯粹的个人德性,与所谓的生意无关,但细细考究,二者之间不仅有重要的内在联系,还对今天商业经营有着积极的启示意义。

商人的天职就是追求利润,对一个商人能力的判断,我们也往往通过他创造的利润多少来衡量。从这个方面说,想成为一个优秀的商人本身就应该具备对财富强烈追求的欲望,这和"钱财乃身外之物"看起来有明显的矛盾。正如胡雪岩的经商历程一样,他一直以追求利润最大化为经商成功的重要标志,他后来成为财神爷,也正是他经商能力突出的证明。但是,如果一个人把赚钱作为一种纯粹的终极性目的,那就必然导致把金钱看得比生命还重要,这就是社会上一部分人不能做到把钱财看作身外之物的重要因素。在这方面应该深刻反思胡雪岩的金钱观念,他既能做到生意人对金钱追求的渴望,又能看得开钱财和人生的关系。相比之下,当下又有多少商人能够正确对待赚钱和人生的奥妙关系呢?

商人以赚钱为天职，但赚钱不等于人生的全部，更不能把钱财看得比生活还重要。

星期二
做就做出样子

凡事要么不做，要做就要做个最好的样子。

笔 记

许多人羡慕胡雪岩，是因为他能成为晚清中国历史上最著名的商人。如果从商人做生意就是为了赚钱这个角度来说，这种羡慕不仅符合人性的真实，还是推动商人们奋斗的重要驱动力。但是，如果仅仅以此作为我们今天研究胡雪岩的根本原因，那就既没有读懂真正的胡雪岩，也失去了我们研究他的更为重要的意义。

在胡雪岩看来，做事要么不做，要做就要做到最好。这种对待事情极其投入的态度，不论是晚清还是当下，甚至是未来，都不会过期。每一个成功的商人，无不抱定认真做事的心态而不懈奋斗。他们能够取得万贯家财既与经商的头脑有关系，同时，还与做事就要做出样子的态度分不开。试想，胡雪岩涉足的几个生意，哪一个不是在一开始就抱定了做出样子而终获成功的？这对于今天许多以游戏的态度对待事业的人们而言，无疑是值得好好借鉴的。

行动指南

在做事之初并不苛求一定成功，而是自觉要求自己不做则已，做就要做出个样子。

星期三
名　利

名利原是一样东西。

笔　记

古人常常把名利双收作为人生成功的理想标准。用世俗的眼光来看,名气是一种荣耀,可以让人的自尊得到极大的膨胀和满足,利益是一种实惠,可以满足人现实生活中的需要。由于两者得兼的可能性极低,所以,一般人认为只要能够两者获其一,就已经非常不容易了。这样的想法实际上建立在把名利完全割裂的前提下,殊不知,名利名为二而实为一。

名气看起来仅仅是一种荣誉,这只是一种表象,其本质仍然与利益相连。胡雪岩早期经商一直强调要赚取巨大的商业利润,但他并不唯利是图,而是强调想赢利必须先赚取名气,用名气来拉动经济利益的链条。从他的胡庆余堂药店开始,就把"戒欺"、"真不二价"作为赚取名气的金字招牌,经过他的苦心经营,终于在国内树立了以诚信公平为核心的正面形象。这给他带来了巨大的商业利润,不仅无数顾客慕名前来,而且极大地提高了他在商界的信誉。正是依仗这种无形资产,他才能够在经营的各个行业上,获取巨大的商业利润。所以,名气并不仅仅意味着一种不能吃、不能穿的东西,其本质就是一种实实在在的利润和资本。

现代许多商人,把名、利片面地孤立起来,甚至认为商人就是以追求利润为唯一目标,把好的名声看做不务实的行为,在这种想法的作祟下,商人们往往唯利是图,不惜损害社会公共利益,大捞昧心财,久而久之,必将被市场淘汰。

行动指南

要把经营商业的好名声和赚取利润看做一个必然的关系,从树立企业名气和个人形象入手,为获取利润铺平道路。

星期四
稳打稳扎

细水长流，稳打稳扎。

笔　记

中国古语云："欲速不达。"许多事情往往如同中药一样，需要文火慢慢煎制，才能让药味入其中，这样服用才有疗效。煎药如此，做生意也一样。

胡雪岩从一穷二白的学徒起家，早年处于社会最底层，饱受冷眼鄙视，即使在学徒期间，干的也是扫地打水倒尿盆之类的事情。当他经商之后，其想发财摆脱贫贱地位、以雪前耻的迫切心理可以想象。但是，他并不急于求成，而是稳扎稳打，步步为营。为了积累原始资本，他开办了钱庄，在经营中，并不仅仅盯着少数富人，而是面向整个社会，从吸收普通储户的零碎银子开始，慢慢巩固自己的实力。经过长期的资本积累之后，他终于获得了进军其他行业的基础，于是开始投资其他行业。胡雪岩经营的典当行可谓是他经营生涯的一大妙笔，虽然对于典当行业的利润和前途经过了冷静的思考，但他并没有急于求成，而是先开办一家看看行情如何，在证实了他的判断之后，才连续在国内开办了二十多家典当行，这样就形成了一个巨大的商业连锁经营网络。

作为一名生意人，急于获得商业利润，成就辉煌事业，这无疑是正常的心理。但是，胡雪岩从商成功的经验告诉我们，任何生意都不能简单粗暴地对待，只有耐心谨慎，注重平时的积累，才能取得最后的成功。

行动指南

固然要敢于冒险，但不能违背商业规律进行赌博式的经营。

星期五

为我所用

洋人也是人,七情六欲,一点不少,所以要一颗平常心,正确地看待"洋"字,才能取其精华,去其糟粕为我所用。

笔 记

胡雪岩同洋人打交道,是在晚清中国商业发展的特定历史背景下进行的。他和洋人的商业贸易主要在军火和生丝贸易方面,军火生意属于当时新兴的行业,生丝贸易则是江浙地区传统的行业,胡雪岩对这一新一旧行业的涉足,在很大程度上代表了晚清中国对外贸易谨慎而有限的客观状况。

胡雪岩对洋人贸易最有价值的地方在于,他能够以超前的心态来看待洋人。因为在当时的中国人心目中,洋人多被认为是没有开化的蛮夷民族,再加上鸦片战争对中国的入侵,国人对待洋人完全是一种敌视的态度。而胡雪岩却认为,要保持一颗平常心,正确对待洋人,"取其精华,去其糟粕为我所用"。这意味着胡雪岩首先承认洋人在许多方面比我们要优秀得多,当然其中也有许多糟粕,作为一个被西方坚船利炮打败的民族,能够从如此辩证的角度看待洋人,理性而科学的态度可能要远远比所谓的商业利润更具有价值。

行动指南

在进行对外贸易的时候,需要辩证看待外商经营的优劣,汲取他人之长,去除他人不足,既不全盘接受,也不全部否定。

守 信

第一周

星期一
言 必 行

古人云：“天生我材，必有一用。”有用者，必守信也。言必行，行必果。信乃人立身行事之本。信者永存。

为人之道，守信为最，信念不移，大事可成；无信念或信念不坚者，事终不成，经商亦然。古来无信念而成巨贾者，鲜矣。

笔 记

数千年来，诚实守信一向被认为是君子之风，在中国古代教育主流思想中，信用和仁义礼智并列。在胡雪岩看来，信用对于商人的重要价值在于“立身行事之本”。商人既是一种职业身份，同时也是社会普通的一员。商人讲信用绝不是仅仅为了赚取他人口袋里的银子，而是履行社会成员应尽的责任和使命。而且，生意成功与否，并不仅仅取决于生意场上的运筹帷幄，很多情况下和生活中的细节相关。

胡雪岩开药店的时候标榜“真不二价”，这看起来是生意上的信用问题，似乎和日常生活无关，其实这种守信用绝不是做给消费者看的，胡雪岩从经商一开始就抱定了慈善为怀的心态，并且把这种慈善之举付诸实践。所有商人都会挂出诚实守信的招牌，为什么只有胡雪岩取得了大众的信任呢？归根结底是因为胡雪岩能够把守信用作为立身之本，而不是仅仅当做糊弄顾客的幌子。

今天，守信经营几乎被每个商人挂在口上，但是能够做到的并不多。相反，制造假冒伪劣商品、坑蒙拐骗甚至谋财害命的屡见不鲜，而我们对他们的谴责往往仅仅盯在商业行为上。试想，即使他们经商有信用，而做人无信用，还不一样危害社会吗？

行动指南

信用不仅仅体现在生意经营上，要从信用乃做人立身之根本的深度上认识，更要贯彻到为人处世的方方面面。

星期二
有一说一

在胡雪岩身上，最让人心服的是"信用"二字，无论是在江湖上，还是在商场中，他对朋友从来就是有一说一，有二说二，绝不阳奉阴违。

笔　记

中国有句古话叫做兵不厌诈。在军事斗争中，为了取得胜利，两军对垒者往往极尽欺诈之能事。一向号称无烟战场的商业市场也是如此。为了追逐利润，同行之间往往进行着你死我活的斗争，一个精明的商人别说需对竞争对手保持高度的警惕和戒备心理，就连对待周围的人也无不谨慎有加。在这种情况下，往往没有一个商人会实话实说。那么，胡雪岩为什么敢有一说一，绝不阳奉阴违呢？

胡雪岩的有一说一符合经商的根本理念。中国古代商人的鼻祖陶朱公，在经营策略上，一直倡导诚信经营，这为他积累了巨富的同时，也获得了美好的信誉，后来，陶朱公的这种经营理念被中国古代商业文明历史所传承，许多商人也因为坚持了这种商业理念大获成功。但是，由于坚持这种理念的前提是以放弃眼前利益和诱惑为代价的，许多贪婪自私的商人，因为抵挡不住人性中的缺陷而最终放弃了有一说一，变成了"有一说二"，要么夸大事实，要么隐瞒不说，凡此种种，都是一种自作聪明。胡雪岩成功的经历就是对经商中坚持有一说一长远眼光的证明，当为现代商人深思。

我们需要把胡雪岩的有一说一和泄露商业秘密这样的愚蠢行为区别开。胡雪岩在商业竞争中敢于说实话是他人格正直的体现，这既是出于人性的天然，同时也是一种精明的商业经营手段,因为商业竞争的胜出并不仅仅限于商品的质量或价格,还与许多看起来无关紧要的东西相关。例如人品和形象,当胡雪岩给竞争对手和社会带来一个正直守信的形象之时,往往容易获得消费者的信任和好感,这在无形中增加了竞争胜出的资本。这也是胡雪岩为什么一直坚持有一说一的重要原因。

行动指南

在商业上和生活中都表示出正直诚实的一面,不做夸大事实的"有一说二",也不做隐瞒欺诈的"有二说一"。

星期三
说话就是银子

说话就是银子,你不要"玩儿不当正经"。

笔 记

胡雪岩的说话就是银子,可谓是商业经营智慧的经典。其要义在于如下几个方面:

一是商人说话要谨慎。古人常常以慎言慎行来规范人们的正常行为,用今天通俗的话来说,就是说出去的话是泼出去的水,一言不慎,祸害无穷。尤其对于那些涉足官场、商场等特殊领域的人而言,说话已经不再是个人的权利,而是一种需要深思熟虑的沉重负担。胡雪岩身为商人,他做人一直要求直言坦率,从不有一说二。但是,这并不表示可以信口雌黄,而是要求商人说话要负责任,所谓君子一言快马一鞭,不能做到的事情不要说,没有查证核实的事情也不能说,说话一定要遵从诚实的原则,绝不诳语谎言。否则,影响了商人形象,就是在减少商人的利益,在这个意义上,说话就是银子。

二是商人要善于从对方话语中捕捉商机。说者无意听者有心,在商业上尤其如此。一个人在不经意间说的话,对于说话人而言并无任何利害,但是,对于善于捕捉商机的人来说,往往可以通过这些话嗅到蕴藏的商机和利润。胡雪岩曾经在他人谈话中无意听到军火问题,经过深思考虑之后,决定涉足军火生意。这完全依靠的是个人对说话的关注和敏感。

今天,许多商人给社会的形象往往是信口开河,不注意说话与个人的形象,往往影响了商业发展的整体形象和企业利润。这都需要从胡雪岩的说话是银子经商理念上加以认真反思。

行动指南

从说话塑造个人形象,捕捉商机。

星期四
开诚布公

我们自己这方面的同行,我觉得亦用得着"开诚布公"这四个字。

笔　记

《三国志》曾云:"诸葛亮之为相国也,抚百姓,示仪轨,约官职,从权制,开诚心,布公道。"当然,做到以诚心待人、坦白无私的并不仅仅限于历史上那位著名的蜀相,即使一向被人骂作无商不奸的商人们也以"开诚布公"相号召,这就足以见其重要价值。

胡雪岩在经营钱庄的时候,由于刚刚涉足这个行业,既没有足够的名气也没有雄厚的经济实力与同行抗争,为此,他非常注意处理与同一地区钱庄老板的关系。与一般"同行是冤家"的恶性竞争不同,胡雪岩没有把同行简单看做竞争对手,而是以开诚布公的坦率取得竞争对手的谅解和好感。在竞争中,他向同行申明应该联合起来,有饭大家吃才是经营长久的道理,在遇到好的商机的时候,不是独自垄断而是主动找到那些竞争对手联合做生意。这样就把开诚布公的经商理念从口头落实到实践,最终获得了同行的信任,并形成了一个以自己为核心的庞大的财富集团。

行动指南

通过开诚布公建立相互的信任,在竞争利润的同时保持合作的基础。

星期五
不轻易允诺

不过,光是记性好、算盘打得快,别样本事不行,只能做小生意。做大生意是另外一套本事,一时也说不尽。你跟着我,慢慢自会明白,今天我先告诉你一句话:要想吃得开,一定要说话算话。所以答应人家之前,先要自己想一想,做得到,做不到? 做不到的事,不可答应人家;答应了人家一定要做到。

笔 记

胡雪岩告诫身边人经商要重视承诺的兑现,这是他个人经商的成功经验,同时也给后人在经商管理思想上积累了一笔宝贵财富。

左宗棠曾经紧急请求胡雪岩在三日内帮助筹集数十万两的军饷,当时最令人担忧的不仅是胡雪岩的经济实力远远达不到这个水平,还有政府在使用了这笔银子之后有可能不认账,因此摆在他面前的有两条道路:一是向左宗棠诉说自己目前的困难,请求左宗棠的谅解,这样的结果虽然暂时保全了自己,但是必然导致他和左宗棠个人关系的阴影,这对于此后商业经营必将带来巨大的隐患。二是硬撑着答应左宗棠的请求,然后尽自己的能力去拼凑部分银两,这样的后果不仅容易耽误左宗棠的军政大事,还会给他留下办事不力的印象。胡雪岩沉着冷静地进行了分析,考虑到能和自己关系好的钱庄同行借到部分银子,再通过其他方式募集部分银两,这样再加上自己的部分储蓄就可以满足军饷所需,于是立刻承诺答应了左宗棠的请求,给左宗棠留下了在危急时候必须胡雪岩来帮忙的好印象。当然这仅仅是开始,三日后,胡雪岩如数凑足了左宗棠所需的军饷,左宗棠对胡雪岩不得不另眼相看,从此认为胡雪岩是一个许诺必定兑现的商人。

　　今天，许多商人为了获取对方的好感，往往对不能做到的事情也许诺，这样固然一时能够让人信任，但是，当无法实现当初诺言的时候，其形象会在人们心目中彻底瓦解，这对其经商是一种致命的危害。

行动指南

　　在许诺某件事情之前，必须充分考虑到自身的能力，不能做到的坚决不硬撑，能做到的要敢于答应。

星期一
不可自作聪明

什么事,一颗心假不了。有人自以为聪明绝顶,人人都会上他的当,其实到头来原形毕露,自己毁了自己。一个人值不值钱,就看他自己说的话算不算数。

笔 记

做人贵在有自知之明,用老百姓的话来说,就是知道自己能吃几碗干饭。胡雪岩在经商方面极有天赋,许多看起来根本无法完成的事情,他都能做得顺顺当当。但是,就是这样一个绝顶聪明的商人,从不张狂自大,而是以人不可自作聪明来告诫自己和手下人。这对于我们今天的商人而言,究竟具有怎样的启示意义呢?

一方面,做人不可自作聪明,指的是为人要保持谦虚低调。在中国,人们常说人外有人、天外有天,商人的竞争从表层上看是利润的争夺,在本质上则是智慧的较量。在这样一个充满了智慧角逐的地方,聪明的人不会刻意让他人知道、称赞自己的聪明,而是采取大巧若拙的姿态,隐藏埋没于商人群体之中。只有那些水平一般、轻浮自大之人才会故意显摆自己的智慧,这种行为不仅愚蠢而且无知。所以,胡雪岩即使在登上晚清商人最高峰之后,在经商之时也不自以为是,从不轻视任何一个竞争对手。

另一方面,当一个商人把自己包装成为一个聪明人的时候,实际上给自己背上了一个沉重的负担,因为他必须保证自己的行动和外在形象完全一致,而自作聪明的人往往企图投机取巧,以为人人都会上他的当,最终往往落得自己毁了自己的可悲下场。这正是胡雪岩对自作聪明引发后果的告诫。

行动指南

把智慧充分展示在商业竞争中,不刻意标榜自己如何聪明。

星期二
诚信的重量

江湖上做事,说一句算一句,答应了松江漕帮的事情,不能反悔,不然叫人看不起,以后就吃不开了。

笔　记

胡雪岩的诚信表现在许多方面,其中一个重要的方面就是"以质劝信"。众所周知,早在胡庆余堂创办之初,他亲自立下了"戒欺"匾,上书:"凡百货贸易均着不得欺字,药业关系性命,尤为万不可欺⋯⋯采办务真,修制务精,不至欺予以欺世人。"并将此匾额悬挂店堂内侧,时时告诫自己和员工经商务必讲求诚信。当时胡庆余堂制药所涉及的药材达到3000多种,为了保证质量,他不惜多花费成本在国内药材产区收购上等药材,绝不掺杂半点次品。这可谓是诚实经营到了家。也正因为他的诚实才获得了社会的普遍信任。胡雪岩能够在后来获取成功,与整个社会对他的信任有直接的关系。

今天许多商人往往片面地强调生意经营重在雄厚的资本、严格的管理、聪明的员工、得力的人脉,当然这些都是商业经营成功必不可少的因素,但是,如果一个商人没有最起码的诚信,就算拥有上述所有条件,他的生意是否能做得长久呢?国内许多著名厂商因为造假被查处而倒闭的例子,正是对这个问题最好的回答。

行动指南

在经营中始终坚守"以质劝信"的原则,严格把握产品和服务的质量,以此获取客户的信任。

星期三
信用与信心

> 胡雪岩所凭借的是信用；信用是建立在大家对他的信心上面；而信心是由胡雪岩的场面造成的。

笔 记

日本著名的松下幸之助对于信用如此理解：信用既是无形的力量，也是无形的财富。领导者若能得到大家的信任，众人自然会为他效力。相反的，如果经常言而无信，就算此刻许诺了再多的好处，别人也会怀疑兑现诺言的诚意。

松下幸之助的这种成功经验备受现今许多商人推崇，实际上，这种管理思想早在胡雪岩的商业经营中就被很好地倡导。在胡雪岩看来，信用和信心是联系在一起的。客户对自己的信心促进了信用的积累；有了信用自然就会获得巨大的社会声誉，又会增加客户的信心。

客户对企业的信心，是企业积累信用的重要动力。因此，树立客户对自身的信心，是经营的重要任务。让客户对企业有信心，就必须想方设法让他们感知到企业的实力。首先，企业必须打造过硬的产品和服务质量；其次，要通过多种途径和手段让客户感知企业的专业性；再次，要持之以恒地坚守诚信之道。

行动指南

树立客户对企业的信心，以此来积累信用。

星期四
真精系存亡

> 物之真精，系业之存亡。

笔 记

在许多人看来，做生意至少有两条成功之路：一是追求大众化的路线，对待产品质量并不十分苛求，以薄利多销促动企业发展；二是追求卓越的品质，对待产品质量精益求精，以高端消费作为企业发展的生命。从企业发展的角度上说，这两种方式都有存在的合理性。胡雪岩经商的成功经验告诉我们，如果想在经商方面获得更大的成功，需要有追求卓越的理念。

这并不是说大众化产品经营是错误的，而是说，一个企业如果长期致力于普通的消费品，尤其在质量上仅仅追求一次性消费，固然能够满足社会相当一部分人群所需，可以赢得企业发展必需的利润。但是，长久下去，整个企业形象就只能被定位在这个低层次上，当企业生产规模扩大，需要进一步提升品位的时候，首先面临的难题就不再是赢得高端消费者的竞争，而是大众心目中比较低劣的形象。

所以，在发展观念上树立精品意识，在产品质量上追求高标准，其意义不仅仅在于一种发展模式，更在于企业生存之根本。

行动指南

经营企业，不可目光短浅，只贪图眼前利益。在企业发展迈出第一步的时候，就要从产品质量和服务质量上追求卓越，既维持企业的生存，同时为后来的提升奠定基础。

星期五
信　义

做人无非是讲个信义。

笔 记

做生意要讲个信义，信是前提，义是关键。只有购买者对你的产品、服务有了信任，你才能获得成功，但是，仅仅拥有信用还不够，因为这样只能表示你是一个规规矩矩的生意人,这固然可以吸引更多的消费者来此消费,但不足以制造更大的吸引力,缺少信用之上正义凛然的那种崇高形象,所以只有通过仗义、大义才能够把这种信用提升到一个更高的境界。

这是胡雪岩在长期经商中积累的经验和体会。他能够在客户不要求立下任何字句与凭证的情况下,坚持把客户存在钱庄的一万多两银子按照正常手续办理,并在客户战死后交给同乡,其经营过程纵然讲求信用,但这桩生意对社会的影响力在于大义,这是胡雪岩个人魅力的体现。当时经商追求信用的绝非胡雪岩一人,为什么那么多人偏偏来找胡雪岩做生意,其中非常关键的地方就在于被胡雪岩身上散发的正义气质感染,胡雪岩因为有了仗义的形象而高出其他人一等,这对于经商成功起到了巨大的促进作用。

行动指南

诚信经商是商业成功的基础,但仅此不够,还需要营造个人正义守信的形象和品质。

星 期 一

把问题摆上桌面

生意场中,无真正朋友,但也不是到处都是敌人,既然大家共吃这碗饭,图的都是利,有了麻烦,最好把问题摆到桌面上,不要私下暗自斗劲,结果谁都没有好处。

笔 记

胡雪岩在经商中面对竞争对手毫不手软,但是,他并不采用阴招算计,而是光明正大地进行,不仅依靠自己的智慧战胜对手,而且还赢得了对手的敬重。

胡雪岩向洋人购买洋枪再卖给清政府,议定每支以二十五两银子(其中五两为中间人的好处费)左右的价格买进,但是,浙江炮局的龚振麟父子利用私人关系以三十二两银子每支枪的价格与洋人订购了一万五千支洋枪的合同。这样胡雪岩的这笔生意面临着被别人抢走的危险,胡雪岩立即和竞争对手进行谈判,迫使龚振麟父子让出五千支洋枪由胡雪岩订购,每支洋枪三十二两银子的价格不变,但他们只要每支二两的好处费,这样就等于迫使竞争对手让出了五万两银子。后来,胡雪岩分文没有收五万两银子的好处费,而是主动拿出一部分让给了龚振麟父子,胡雪岩此举既击败了竞争对手,同时也凭借自己把问题摆到桌面上谈的举动,赢得了龚振麟父子的理解和佩服。

胡雪岩把本来可能进一步激化的矛盾,通过摆在桌面上的方式处理得妥帖周全,实现了双赢,不仅化解了两家同行竞争的矛盾,还以自己光明磊落的经商手段赢得了竞争对手的尊重。如此经商手段足以为今天的商人所借鉴。

行动指南

应该采取光明磊落的手段来赢得商业竞争,通过阴招算计固然可以战胜对手,但将会结下更多的冤家,不利于以后的发展。

星期二
走 正 路

在正路上走,不做名利两失的傻事。

笔 记

做生意要走正路,对此胡雪岩有深切的体会。在充满竞争和算计的商战中,如何理解胡雪岩所谓的做生意要走正路的理念呢? 在我看来,其要义在于如下两个方面:

一方面,胡雪岩所谓的"做生意要走正路",指的是经营的行业最好能够扶危济困。同样是赚钱,不同的行业给社会带来的作用是不同的,甚至是完全对立的。例如胡雪岩最初经营药店和典当行,不仅因为其中有着丰厚的利润,还在于这些行业可以帮助社会,在当时战乱不断的情况下,百姓流离失所,病痛缠身,开办药店和典当行无疑能够帮助他们更好地生存。这就是胡雪岩所谓的走正路。这和一般商人理解的走正路就是不做国家法律禁止的生意,是有本质区别的。

另一方面,胡雪岩的"做生意要走正路",又包含了经营上绝不欺诈的诚信行为。与奸商依靠投机欺诈手段获得暴利不同,胡雪岩主张在商业经营上以货真价实取胜,以优胜的质量吸引顾客。这个走正路的原则贯穿了胡雪岩一生的商业活动,为此他获得了社会的普遍认可,在拥有巨富的同时,还比同样资本雄厚的商人更多了一种正义的力量,这给他商业经营带来了巨大的好处。

今天,走正路的商业理念依然被商人们熟知,但是,大部分人往往把这个理解为只要不触犯国家法律就行了。近年来屡次曝出的假药、毒奶粉、注水肉等,都与商人逃避本来应该承担的正义责任紧密相关。

行动指南

经营不仅应该合法,更要符合社会公德,要有助于社会正义事业和人类文明的进步。

星期三
不违背原则

所谓做生意从正路上走好，还有一层意思，是指做生意不能违背大原则。什么钱能赚，什么钱不能赚，更要分得清楚，不能只顾赚钱而不顾道义。

笔　记

胡雪岩经商，至少可以概括为正义经营、不抢同行饭碗、有饭大家吃三大原则。

胡雪岩曾经接手一笔军火生意，正在他等着大把赚银子的时候，听同行议论说他是在抢别人的生意，打听之后才明白，原来这笔生意本来是另外一个商人接手的，只是因为那个同行没有来得及交付货款，而胡雪岩所出的更高的价格吸引了洋人，于是洋人就转手把这批军火卖给了胡雪岩。如此一来就相当于胡雪岩抢了同行的饭碗。胡雪岩知道这事之后，立即主动找到那个同行商谈此事，慑于胡雪岩的经济实力和威望，那位被抢了饭碗的商人并不敢奢望讨回这笔生意，只是恳请胡雪岩以后高抬贵手。胡雪岩完全可以借此独吞这笔生意，但是，他坚持做生意必须公平竞争、不抢同行饭碗、有饭大家吃的原则，主动提出把这批军火以与外商谈好的价格转卖给他，实际上，就等于帮助那位商人一文钱不出便可收差价，胡雪岩的这一做法，使得那位同行感动万分，也让当时整个商界对他敬佩不已。

胡雪岩的不违背大原则既不是顽固的刚愎自用，也不是墨守成规，而是坚守做生意的道德底线，这是其经商成功的基石。这一点对于今天商人而言，同样值得借鉴。

行动指南

在经商手段和策略上都非常灵活，但绝不会因为利润而放弃基本原则，尤其是有违道义的生意，即使利润再大也坚决不做。

星期四

不指望发横财

一定要在正途上"勤勤恳恳去巴结",不要有"发横财的心思"。

笔 记

古人常常说,人无外财不发,马无夜草不肥。做人不可投机取巧,但许多商人似乎并不以为然。胡雪岩就如此告诫同行,想成为一名成功的商人,必须要在正途上勤勤恳恳,绝不可生出发横财的心思。

经商中每一文钱的获得都需要艰苦的劳动。正因为挣钱如此艰苦,有的商人就滋生了投机取巧的念头,企图一夜暴富,这样的想法至少有两种严重的后果:

一是扭曲了商业活动本来的性质。商业活动和其他活动一样,都遵循一个不变的法则:一分耕耘一分收获。想要得到巨额的商业利润,就必须付出与之相等的劳动和付出。胡雪岩可谓在生意上春风得意,但是,他成功之前所冒的倾家荡产甚至是生命的危险,往往不被人注意,人们把更多的关注投向了其显赫的地位和安逸的享受。这实际上告诫我们今天的商人,认为经商可以赚钱暴利,减少劳动痛苦的想法是错误的。

二是助长了商业经营的不正之风。一旦认定商业利润来自外财,就把规规矩矩的公平竞争原则践踏在脚下,一个商人能够利用投机取巧甚至欺诈阴谋而得益,那么就会吸引更多的商人去冒险。这样长久下去,就会导致整个商业市场秩序的混乱和失范。胡雪岩开办的每个行业,都是守法经营,为了保证质量甚至付出过超预算的成本,这样的结果虽然容易减少利润,但是,却维护了商业合法经营的基本规则,符合长久经营的需要。这对于现代那些企图投机而一夜暴富的商人来说,需要好好反思。

行动指南

应把成功的希望建立在踏踏实实的劳动付出上,不可奢望投机经营而一夜暴富。

星期五
一次信用都不能失

为人最要紧的是收得结果，一直说话算数，到临了失了一回信用，自己就完了。

笔　记

胡雪岩经商注重信用，难得的是始终如一地坚持信用，即使遭遇到危机也毫不动摇。在他经营阜康钱庄期间，由于竞争对手盛宣怀和邵友濂的算计，胡雪岩钱庄深陷资金短缺即将倒闭的谣言，出现了客户排队提取现银的挤兑危机。当时阜康钱庄的一个档手宓本常私自挪用了钱庄的二十万两银子，造成钱庄银两储备的亏空，根本无法应对这次挤兑风波。当有几个大客户要求提取大笔现银的时候，这个档手无奈之下被迫关门，如此一来，阜康钱庄资金出现严重亏空的谣言愈加盛行。胡雪岩严厉地批评了宓本常，直言做生意必须遵守信用，而且一次信用也不能丢失，否则，在社会上造成了不良的影响，再想重新树立原来的形象就非常困难了。

胡雪岩"一次信用都不能失"的经商理念，是他长期经商积累的一个基本经验，这维护了他经营的各个行业的形象，使得整个社会对胡雪岩经营的生意充满了信任。更可贵的是，他不仅在成功之后保持了这种精神，而且在遭遇困难之时，还坚定不动摇，这往往成为帮助他渡过难关的重要利器。

行动指南

做生意讲信用，不仅要表现在创业时期，更要在成功之后，尤其是遭遇困境之时也能够坚持。

第四周

公 平

在商言商,讲究公平交易。俗语说的礼尚往来,也无非讲究一个公平。

笔 记

胡雪岩做生意讲究公平二字,这至少有如下两方面含义:

其一,胡雪岩在自己生意经营上,坚持公平交易的原则,不搞欺诈,货真价实。在一般人看来,如果想获得最大的商业利润,就必须依靠最低的成本和最高的价格。如此一来,商人和消费者之间就无所谓公平可言。其实不然。商业利润的最大化并不等于损害顾客的利益。在交易上,成本和价格除了受到市场供需波动的影响之外,还必须始终坚持成本和利润之间应该一致的原则。例如胡雪岩经营的胡庆余堂,由于所有药材来自原产地,质量好,价格高,药品的成本自然就比同行要高,胡雪岩完全可以成本费用高来抬高药品的价格,但是,他坚持成本和利润之间的固定比例。在他看来,药材必须真材实料,这是商人应遵守的商业道德。如果抬高了价格就等于和购买者之间有了不公平的交易。正是因为他的这种经商理念,胡庆余堂才能够在当时成为国内药业最著名的品牌之一。

其二,胡雪岩在商业竞争中,与同行之间注重公平竞争,不使阴招损招。从生丝贸易到军火和漕运,胡雪岩都在充分利用自己和政府之间的特殊关系,他可以在此过程中把异己力量全部铲除,但胡雪岩并没有这样做,他每次都主动和对手商谈,提出联合起来有饭大家吃,在利润分割上也主动谦让。如果他依仗政府权势把对手压垮,这就是一种不公平的竞争,将有损他的形象,进而影响他的商誉和利润。

今天,"公平交易"往往成为一句空话,一些商人不仅不公平,甚至为了铲除对手而耍阴谋诡计,相比之下,胡雪岩的经商智慧当足以为警戒。

行动指南

在公平交易和公平竞争中取得利润,才是真正的商业智慧。

星期二
合理竞争

既然目的不外乎一个"钱"字,那么商人就应当合理竞争。

笔　记

古人常常说,切莫得理不饶人,有理也要让三分。这种做人做事的方式成为衡量一个人是否具有大将风度的标准。经商也讲究合理,胡雪岩曾直言不讳地说商人应当合理竞争。

在胡雪岩看来,合理竞争不仅仅是个人品质性格的表现,更是商业发展的需要。只有合理竞争,才能保证整个商业活动的有序开展,否则,恶性竞争不仅损害整个商业环境,还将最终影响到企业自身的发展。例如,胡雪岩在涉足漕运行业时,凭借王有龄这样一位私交甚好的朋友,非常顺利地掌握了浙江漕运生意,但他并没有依仗政府力量和资金优势而垄断整个漕运市场,反而很低调地和普通的同行一样,合理地参与市场竞争,他把同行召集到一起,在利润分配上,首先想着其他同行,目的就是希望通过合理的竞争,保持江浙地区漕运市场的正常发展。事实证明,他这样做是非常成功的。

当然,合理竞争并不是对外示弱,更不是对竞争对手采取投降主义,那种死板教条、顽固僵化的商业运作,与胡雪岩所谓的合理竞争是有着本质区别的。

行动指南

在处于强势地位的时候,提醒自己合理竞争,不要贪图一时的利益,而破坏了整个市场环境。

星期三

一碗水端平

一碗水端平,大家都有得喝。一荣俱荣,一损俱损。

笔 记

胡雪岩的"一碗水端平"的经商思想,其要义可以从如下两个方面加以分析:

一是胡雪岩把所有商人都看做一个联盟,要求统一起来,不要在内部发生分歧和争夺,而是致力于大家都得利的结果。他一生致力于"一碗水端平"的经商理念,即使到今天也显示出强大的商业价值。因为正是许多商人之间无谓的争斗、狭隘的眼光、短浅的见识,才导致了大家同归于尽的可悲下场。

二是胡雪岩并不是倡导利益分配上的平均主义,因为他自己本身的实力就已经高出其他同行许多,在利润争夺上不可避免地产生"分赃不均"的情况。这时就需要有人出来主持和调解,按照一个比较合理的规则重新划分利润,在保证大家都得利的情况下,避免因为私欲和贪婪而出现相互倾轧的矛盾。例如他在军火生意上,主动分割一部分利润给弱小的商户,帮助他们渡过难关,而自己也在这种大义之举中,获得了商界领袖的地位。这种无形资产的价值远远大于获取几十万两银子。

行动指南

要为整个商业资源的可持续发展考虑,协调商人之间的利益关系,实现所有商人都"有水喝"。

星期四

按规矩行事

做生意一定要照规矩来,折子还是要立。

　　没有规矩不成方圆,做人要讲究规矩,做生意也是如此。商业经营不同于一般行为的重大区别在于其处处和金钱利益相关,无论从人性自私的角度,还是从社会需要的层面,每个人对金钱都充满着一种渴求。因此,当人们从事和金钱利益直接相关的活动时,就必须处理好因为共同欲求可能引发的矛盾和斗争。商业活动必须制定和遵守一个行业规范,减少店主和顾客之间扯不清的情况,这样既方便了店主操作,又减少了可能发生的金钱纠纷。例如,到钱庄存款一般要立下存折字据,等到客户取钱的时候,就可以凭借存折如数兑现,否则说法不一,纠缠不清,总会有一方吃亏。即使是私人感情甚好的朋友之间,也应该暂时摒弃私交情感,遵从商业规矩。这既是胡雪岩经营钱庄的经验,同时也是我们现代商人必须充分引起注意的东西。

行动指南

　　严格恪守商业规则,不因私交情感而废了规矩,给生意留下隐患。

星期五
信用第一

　　钱庄第一讲信用;第二讲关系;第三讲交情。

笔　记

　　从古代的钱庄到今天的银行,对于每个顾客而言,最重要的当然是信用问题。如果钱庄不讲信用,有谁还敢把大笔的银子存在里面呢? 胡雪岩开办钱庄的时候,告诫手下人要讲信用,这并不是说只有他经营的钱庄才讲究信用,其实这是所有钱庄通行的规则。那么,胡雪岩经营的钱庄在信用上和其他钱庄相比又有什么特别之处呢? 在我看来,胡雪岩在钱庄经营上的信用完全是自觉的,不是因为生意行规如此才被迫去履行,正是这个原因,他的阜康钱庄才能在当时获得如此高的声誉。

胡雪岩的"做生意要讲关系",在当时属于公开的秘密。这里的关系有两个意思：一是官方政府的支持，即"朝廷里面有人"；二是与同行之间保持亦敌亦友的关系。前者可以帮助他在困难的时候获得政府的支持，后者可以避免他遭到孤立。这两种关系都在他事业的发展中起到了重要的作用。例如王有龄、左宗棠等人，直接帮他的钱庄拉来了许多生意。

古语云："生意场上无父子。"自古以来，人们很少把"交情"二字用在残酷的商业竞争上，似乎那样做是一种非常虚伪的事情。胡雪岩并不这样看，他恰恰充分借助了交情的力量推进了事业的成功。不仅和诸多官方大员建立私人交情，还和同行组织成一个稳固的商业联盟，在共享利润的同时，获得同行们的信任。

胡雪岩"讲信用、讲关系、讲交情"的原则，虽然是针对钱庄这个行业而言的，但对于当时乃至今天任何一个行业，岂不是一样的道理吗？人无信不立，没有朋友就无路可走，这实际上是一切成功都必须恪守的不二法则。

行动指南

做生意要信用第一，同时要建立稳固的私人关系联盟，优秀的商人绝不会在困境中孤军奋战。

三月

用　人

星期一

管理者的成就

　　一个人最大的本事就是能用人；用人又先要识人，眼光、手腕，两俱到家，才智之士，乐予为己所用，此人的成就便不得了了。

笔 记

　　胡雪岩的用人之道令人称奇，他不仅能充分借鉴成功的例子，还能够根据特定情况创造性地使用人才，由此成就了他后来的一番事业。

　　人们常说，千里马常有而伯乐不常有。天下人才无数，发现和识别人才是用人之道的第一步。只有从众人中辨别出优秀的人，才可能实现招贤纳士为其服务的目的。相反，当一个商人无法辨别人才与庸才，就必然导致用人的失败。胡雪岩善于从众人中发现真正的人才，他能够从落魄的王有龄身上发现其日后定能成就大事的潜质，于是冒着饭碗被砸的风险去帮助王有龄。正是因为这份知遇之恩，王有龄在日后对胡雪岩鼎力相助，多次帮助胡雪岩渡过难关和危机。

　　善于发现人才是管理者用人的第一步，但仅仅这些还不够，真正能够做到让人才为其服务，还需要些"手腕"，要用办法笼络住人才。既然是人才，总会在许多方面表现出不同于常人的一面。历史上刘备三顾茅庐最终成就了三分天下居其一的大业，靠的不仅是刘备能够发现人才，还在于使用了谦卑的手段笼络人才，让诸葛亮愿意出山辅佐其大业。胡雪岩身边人才无数，并多甘愿为其效忠，关键在于他能够使用各种办法笼络人才。例如他开创药店的时候，自己对药材一点不懂，但他极为慷慨仁厚，让那些懂得制药的人甘愿为其效力，这就是一种手腕。

　　今天，许多企业通过人才招聘聚集了大批员工，但人才招聘来的是否都是人才，需要在以后的工作中慢慢验证，就算都是人才，能否长期忠实于公司，也需要管理者反思。

要学会判断识别人才，并能够用各种手段笼络人才。

星期二
用人的必要

他告诉自己：不要自恃脑筋快、手腕活，毫无顾忌地把场面拉开。一个人的经历到底有限，有个顾不到，就会出漏洞，而漏洞会很快地越扯越大，等到发觉，往往已不可收拾。

胡雪岩用人之道不同于常人的一个聪明之处在于，他能够从自己的短处和不足中认识到真正需要哪类人才。早在他经营钱庄的时候，就深谙此理。虽然他对如何管理十分熟悉，但在具体操作的档手方面，并不是行家，想让他的钱庄顺利运转起来并不困难，然而想让钱庄获得长足的进展，就必须找一个对业务非常精熟的档手。为此他看中了朱福年，让他全权代理钱庄的档手，这对钱庄的发展和扩大再生产起到了非常关键的作用。试想，如果胡雪岩自恃才能过人，妒忌贤能，他就不会找一个能力强的人来弥足自己的不足。

今天，任何一个公司或企业都通过市场招聘来寻觅人才，但许多企业仍然抱怨找不到人才，其中固然有一定的客观原因，但领导人自己是否真心愿意找一个才能超过自己的人才呢？现实生活中，并不是每一个企业领导人都能意识到用人的重要性，且拥有开阔的心胸，能够容忍和理解自己的不足，愿意招揽贤能之人弥补自身的不足。

要认识到自身能力的"短板"，并且真诚地招揽贤才弥补自身不足。

星期三
用人要有耐心

三年不做事，不要紧，做一件事就值得养他三年。

笔 记

胡雪岩的高明之处在于，他培养人才固然是为了赚钱，但并不以这些人才能够立竿见影地做出成就来衡量是否留用，这就消除了商人用人一般采取的功利眼光。这是胡雪岩经商的一个大智慧。

人人皆知，培养人才是为了获取商业效益，但人才要展示自己的能力，不仅和才能有关，还和外在社会的机遇血脉相连，一个人的才能再高，如果没有好的机遇，怎么奋斗都是无济于事的。所以，想让一个人充分地发挥自己的潜质，就必须对人的发展有耐心，要以长远的眼光来看待，不要急于一时的得失。胡雪岩在经商中笼络的大批人才，其中许多人并不是马上能够为他赚取商业利润的，甚至有的还屡次惹出麻烦，给他的生意带来损失，但他并不马上把这些人"炒鱿鱼"，而是静观时局发展，等待他们回报的那一天。这种韬光养晦、目光长远的能力不是一般商人能够做到的。

行动指南

能够给企业立刻带来利润的人，固然是人才，但这并不是考察人才的唯一标准。能够耐心等待员工在关键时候暴发，才是胸怀宽阔、目光远大的优秀的领导。

星期四
持之以恒

世界上有许多事，本来是用不着人才干的，人人能做，只看你是不是肯做，是不是一本正经去做。能够这样，就是个了不起的人。

笔　记

即使一件再平淡无奇的事情,只要经过胡雪岩亲手运作,就可以获得点石成金的效果。探究其成功的秘诀,一个重要的因素在于他能够做到持之以恒。其要义可以从两个方面加以分析:

一,"是不是肯做"。凡经商者无不想赚得钵满盆满,从利润的角度考虑,哪个行业利润丰厚就想去经营哪个行业,这是一般商人心理的共性。这本来无可厚非。但是,当所有商人都忙着去经营大生意的时候,那些被看不上眼的行业就蕴藏着越来越大的利润价值。如果把眼光放得长远一点,从这些利润微薄的行业做起,逐步积累原始资本,这样既可以避免大家一窝蜂似地拥挤在某些热门生意上,还可以养成踏踏实实、不眼高手低的素质。正是出于这样的考虑,胡雪岩才特别强调面对普通行业之时,首先需要具有诚心想去做的意愿。否则,心不诚必然事情不济。例如他经营的典当行,这个属于他自己说的"人人能做"、并不需要什么特殊的才能的行当,当时很多人认为利润太少不愿意经营,但是,胡雪岩非常愿意做这个行业,通过诚心经营,终于大获成功。

二,"是不是一本正经去做"。心理上愿意去做那些平淡无奇的行业,这只是为成功提供了基本的前提,还需要在实践中采取行动。在胡雪岩看来,商人要一本正经地做事,才能把这些人人能做的事做好。换言之,如果一个人存在轻视的思想,即使想做好也是不可能的。他经营典当行的成功经验就是能够认认真真、规规矩矩地做事,这对于今天我们许多眼高手低的商人来说,还是具有警醒作用的。

行动指南

在经营上善于从平淡无奇的行业中捕捉商机,并通过一本正经地去做而获得巨大的商业利润。

星期五

忠于职守

我要提拔他,也可以说是借重他。现在我们人手不够,像这样尽忠职守的人,不可以放过。

笔 记

自古至今,"士为知己者死"一向是衡量一个人是否效忠的最高标准。排除封建思想愚忠的成分,这种赤胆忠心的精神还是值得人们敬仰的,至少比那种"后院着火"更让人放心且有利于事业的发展。

胡雪岩在用人之道上,也坚持尽忠职守的人才选拔原则。首先他自己做事一向坚持忠于职守的原则,他在做学徒工的时候,虽然地位低微,受人鄙视,但是,胡雪岩一直尽忠尽职地履行一名学徒工应该做的事情。与身边学徒工做一天和尚撞一天钟的得过且过的行为相比,胡雪岩能够把这些低贱的工作做得让老板赏识。凭借出色的表现,胡雪岩很快得到提拔,从而得以摆脱学徒工的身份。出于他个人的经验和深切体会,胡雪岩在经营自己的事业之时,也按照这个标准去选拔人才,把那些心甘情愿与其共患难的人招集到自己的手下。由于胡雪岩不惜重金,常怀慷慨大义之举,在其手下人才很少有背叛他的。即使在他的生意出现危机的时候,手下人也没有一哄而散,而是死心塌地为其分忧排难。

选拔忠于职守者并不是找那些唯命是从、不动脑子的人。真正的人才不仅要服从领导的安排,还要主动思考领导的决策是否正确,并且在领导做出决策的时候,能够通过自己的谨慎和反思,帮助领导把握住分寸,及时提醒领导避免失误,这才是选择忠于职守的人才的最终目的。

行动指南

要选拔忠于职守的人才,即使对自己的意见不服从,只要是出于自己的职责以及对企业负责,都是忠于职守的表现。

星 期 一

操 守

只要有办法,凡是操守靠得住的人,都可以干得。

笔 记

在一般人看来,人才最重要的就是一个"才"字,这种观点把人才这个丰富的内涵极端化为人的能力,事实上诸如人的意志力、悟性等,都是构成人才不可或缺的要素。因此,对待人才绝不应该始终抱着单一的能力至上的陈旧观念。

胡雪岩在人才观念上给我们的一个重要启示是注重人的操守。操守看起来是指人的道德品行,但是,在胡雪岩眼中却是衡量人才的重要标尺。一个人即使能力再高,能够为主人带来巨大的财富和利润,如果没有做人的操守,人在曹营心在汉或者朝秦暮楚,这样的人才是任用者未来事业的巨大隐患。这样的人非常容易因为个人的私欲而随意背叛自己的雇主,给生意造成的损失也将是致命的。例如,胡雪岩在经营药店的时候,负责采购药材的人员进货有误,造成药店巨大的损失,此事被负责采购人员的一个手下知道了,立刻跑去向胡雪岩汇报。正当大家以为胡雪岩要开除采购人员、奖赏那个向胡雪岩汇报此事的人时,出乎所有人的意料,胡雪岩严厉批评了进货人员的失职后,并没有开除他,却把那个打小报告的人开除了。理由是这个人应该及时提醒采购员谨慎进货,而不是等到东窗事发再汇报领赏,这样的人就是贪图小利而没有操守之人。

行动指南

在选拔人才之时,要把操守是否靠得住作为提拔的重要依据,对于有才干而没有操守的人,不能委以重任。

星期二
培养新人

我用人跟别人不同，别人要少年老成，我要年纪轻的有才干、有经验，什么事看过经过，到了要紧关头，才不会着迷上当。

笔 记

每个人在使用和选拔人才的标准上是不同的，这并不是说不存在一个统一的用人标准，而是说每个人经营生意的客观情况并不相同，只有具体情况具体对待，灵活掌握用人标准，才有可能成就大业。

胡雪岩深知要想成就一番大事，少不了得力之人的帮助。当他独立经营自己的生意，资金问题基本得到缓解之后，剩下的就是如何选贤任能之事了。为此，他给自己制定了一个重要的用人标准，这就是打破常规按资排辈的旧观念，不以资历老成为最高。这种人才观念和他自己的经历有着一定的关系，素来胸怀大志的胡雪岩，从小就怀有建立不世之功的抱负，只是苦于身份卑贱，一没本钱二没人帮助，才无法施展自己的抱负。所以，当他有机会大展宏图的时候，就毫不吝啬对年轻人的喜好，这使得他的身边聚集了年轻有活力的青年人才，也给他的生意赋予了激情和活力。他在经营中敢于冒险，不断开拓，绝不满足于现状，这些都和他用人方面大胆启用年轻人有关系。

但是，胡雪岩启用的年轻人并不是不谙世事的毛头小伙子，而是年轻有经验的人。一般而论，年轻和有经验往往成对立的状态，年轻人往往没有经验，有经验的往往不再年轻，但这并不是绝对的。因为真正有才华的人，往往在年轻之时就崭露头角，而且善于吸取他人的经验，避免自己走弯路，尽量减少因为年轻而付出的代价。所以，在胡雪岩看来，能够把这样的人笼络到手无疑对生意的发展有着至关重要的作用。

今天，我们对于人才的选拔往往很困惑，要么是一味追求年轻而忽视经验，要么是强调工作经验而不问年龄，其实这些都是极端的做法，借鉴胡雪岩的用人之道，我们完全可以找到那些既年轻又富有经验的人才。

不要把年龄和经验对立起来，而要寻找两者最佳的结合点。

星期三
用人所长

要用人之长，就能容人之短。

笔　记

寸有所长，尺有所短。既然人无完人，那么，我们对待人才就不能简单地求全责备，要求样样俱佳，而要用人之长，容人之短。胡雪岩在经商用人方面的经验再次验证了这个理念的重要性。

胡雪岩开办胡庆余堂之前，手下有个叫刘不才的，此人有制作药材的秘方，但是，嗜酒好赌，整日吃喝玩乐，属于标准的"软条无骨，立不起来，因而也当不得大用"之人。这样的人在一般人看来，不仅不是所谓的人才，还是唯恐避之而不及的角色。但是，胡雪岩却不这样认为，他充分发挥刘不才制药有秘方的优势和长处，为后来的胡庆余堂制作了许多市面上见不到的好药，为胡庆余堂赢得了巨大的声誉。胡庆余堂能够在制药经营上享有盛名，除了因为一直坚持戒欺、真不二价等诚实经营原则之外，还与刘不才配制的许多药品有直接的关系。这是胡雪岩用人高超的最好体现。

当下，许多公司在选拔人才时，往往求全责备，不能容忍一点缺陷。其实，我们不妨借鉴胡雪岩的用人之道，根据人的不同才能分别加以任用，这样可以充分发挥人才的长处。

在任用人才方面，要容忍他人的不足，充分发挥下属的长处。

星期四

收纳非常之人

大凡是受人非议的人物,必定有非常之行为,有非常之行动,必定身遇非常之事,只要能够查明事因,对症下药,定能为我所用。

笔 记

胡雪岩在用人上虽然非常重视传统的经验,但从来不放弃出险招、出怪招,他大胆使用"非常之人"的理念,就是兵行险招的最好证明。

"受人非议的人物"往往因为与生活常态不同而遭到许多人的质疑,并不是非常之人做错了什么事情,而是我们正常人的思维模式对于非常之人具有先天的排斥和警戒态度,哪怕是道听途说并没有亲眼所见,也跟着众人以异样的眼光来看待他们。这种对待他人的态度其实有着非常大的隐患甚至危害。许多有才能的人往往因为我们的有色眼镜而失去了展示才能的机会。胡雪岩敢于大胆起用受人非议的人物,就是从用人者的角度消除了对部分可能蒙受不白之冤的人才的先天歧视,这是一种实事求是的态度,应为今人借鉴。

即使是一个道德品行一向正直的人,往往也会因为特殊情况而做出违反常规之事。那么,我们究竟应该如何对待这样的人呢?胡雪岩认为,他们既然有非常之行动,必定遇到了非常之事。对此,用人者不应该人云亦云地和众人一起否定非常之人,而是要考察事情起因,要设身处地从对方的角度去考虑,想一想如果自己身处当时的情况,是否能不做出非常之行动?这样一想,就会理解那些非常之人的难处和苦衷,这是一种换位思考的用人观念。

今天,我们许多用人单位往往把一些做事"出格"的人,不问青红皂白全部拒之门外。事实上,连最基本的实情都没有去调查就如此下结论,又怎么可能正确使用人才呢?

行动指南

对待做事出格的人,并不首先以有色眼镜看待,而是先查明事因,然后换位思考,最后对这部分人对症下药,实现为我所用的目的。

星期五
无才与不忠

无才之人最多使企业发展不起来，而不忠之人却能使企业走上灭亡之路。

笔　记

　　有才无德和有德无才，应该任用哪一个？这是常常摆在每一个企业领导人面前的难题。一代巨商胡雪岩以自己的成功经验告诉我们这样一个答案：德才不能兼备的情况下，宁愿选择有德无才，也绝不任用有才无德之人。

　　胡雪岩手下拥有大批人才，但并不是个个精通某项技能，有的甚至非常平庸，然而有一点却是相同的，那就是他们对胡雪岩表现出绝对的忠诚，让胡雪岩对自己苦心经营的"大本营"毫无后顾之忧，尽管放手去和对手竞争。忠心为雇主做事带来的稳定局面，实际上相当于帮助了雇主，而且在一定意义上可以说，这种帮助远远比一个聪明的商业规划和一笔巨额利润更为重要。

　　不忠之人如同一个会随时爆炸的炸弹，这些人虽然在专业技术能力上可以给企业带来立竿见影的效果，但没有人能够保证他们不会在某个关键的时候背叛整个集团，而一旦他们背叛很可能导致整个企业走向灭亡之路，因为他们不仅了解整个企业的内幕，而且他们富有能力，可以把他的智慧和能力用来对付和攻击企业，可谓是能力越大越可怕。

　　胡雪岩的用人观当然不能作为放之四海而皆准的真理教条使用，因为不同的时代情况不同，企业用人的标准要灵活多变。但是，即使情况不同，对企业保持忠诚的态度，是不能动摇的。

行动指南

　　宁可选择能力有限但是忠于企业的人，也不要选择有才无德的"定时炸弹"。

第三周

各尽其用

篾片有篾片的用途,只看你用在什么地方罢了。好似竹簽子一样,没有竹篾片就搭不起空架子。有了竹篾片,关键时刻就可派上用场。

笔 记

胡雪岩在用人上的"篾片理论"可谓独到。篾片本是江浙一带对帮闲一类人的蔑称,因为这些人往往如寄生虫一般依靠权贵富豪生活,整日吃喝玩乐,赌钱招嫖,从人品上说可谓是社会的垃圾,但是,由于他们善于交际应酬,察言观色,往往成为主子之间公关时候的利器。胡雪岩用人一向重视人品,但他也能根据客观情况的变化而灵活用人。

陈世龙原是一个整天混迹赌场的"混混",胡雪岩却把他带在身边。因为,胡雪岩看到了他的长处:一是这小伙子灵活,与人结交从不露怯,打得开场面;二是这小伙子不吃里扒外,不出卖朋友;三是这小伙子说话算数,有血性。胡雪岩发现了他的这些优点,终将他调教成为经商、跑江湖的得力助手。

行动指南

不应该因人废能,即使是缺点,只要用在适当的地方,就会变成优点。

量才适用

我的计划很多,大小由之,大才大用,小才小用,只要看对方自己怎么样。

　　唐代诗人李白曾以"天生我材必有用"豪迈地向天下人宣告对自己能力的自信，同时也是对天下每个人能力的客观概括。虽然人的能力才干有区别，甚至有巨大的差异，但是，即使是能力极其低微者也会有可取之处。胡雪岩就根据每个人的能力大小，力求大才大用，小才小用，以实现量才适用。

　　王有龄在胡雪岩的眼中是大才，他就大才大用，积极鼓励和支持他当官，而不是劝他和自己一道经商。事实证明，胡雪岩的这种量才用人的方法是非常科学的。后来胡雪岩的商业成功至少有一半的功劳要归于王有龄。

　　今天，企业部门分工越来越细密，这为量才适用提供了极好的基础，这需要领导首先分清楚人才中的大才和小才，然后根据能力大小分别使用在不同的岗位上。

行动指南

　　首先辨析区别手下员工才能的大小，然后量才大小分别任用，把每个人的能力发挥到最大限度。

星期三
不求全责备

　　胡雪岩用人，不是求全责备，而是人尽其长。对每个人的性格、脾气，他都是了然于心。如何发挥部下的才能，他是有选择的。

笔　记

　　对人不可求全责备，因为人无完人。究竟如何才能做到在用人上不求全责备呢？胡雪岩的成功经验可以提供重要的启示。

　　管理者对员工的考察，大多局限于能力上，很少有人会对员工的性格和脾气都了然于心。然而胡雪岩却做到了，这正是他与众不同的经营天赋的体现。要想真正了解一个人的能力,就绝不应该仅仅满足于能力本身,还要深入到一切与能力相关的因素,诸如性格、脾气等。

既然要想做到不求全责备,那么首先需要用人者对员工的才能了然于心,否则,你如何判断和决定对这个人的使用呢?

行动指南

不仅要熟悉员工的业务技能,还要达到对员工性格、脾气的了然于心,唯其如此,才能真正做到熟悉每个员工,合理使用每个员工。

星期四
不拘一格

用人之道,不拘一格,能因时因地制宜,就是用人的诀窍。

笔 记

自古以来,用人诀窍并没有一个统一的模式。即使像胡雪岩这样聪明绝顶之人,他的用人之道也不能说是不可怀疑的,这并不否定胡雪岩在经商用人方面的智慧,而恰恰是我们今天学习胡雪岩经商管理智慧的真谛:凡事都要不拘一格,因时因地制宜。

不拘一格并不是一种毫无根据的主观臆断,而是建立在因时因地制宜的客观基础之上。不拘一格意味着打破常规的理念,那么,如何让这种非常规行为能够做到合理有据呢?因时因地制宜就是不拘一格使用人才的根据。在特殊的时间和环境下根据需要启用特殊的人才,这才是真正的不拘一格降人才。

行动指南

在不拘一格使用人才方面,务必做到因时因地制宜,不能把破格使用变成随意地滥用权力。

星期五
一分钱一分货

眼光要好,人要靠得住,薪水不妨多送,一分钱一分货,用人也是一样。

笔　记

　　"一分钱一分货"的道理,对于每个商人而言可谓是初级入门的常识。但是,把这个道理运用到人才管理上,就不是一般商人能够真正领会到的。胡雪岩的"一分钱一分货"的用人之道,对于今天的商人用人观念而言,其要义至少有如下两个方面:

　　其一,要给予真正的人才优厚的物质条件。长期以来,我们常常习惯了这样一种用人思维模式,即真正的人才不是可以用简单的物质待遇衡量的。这种观点本身并没有错误,但其往往因为人们理解的偏差而导致一个非常严重的后果,就是许多人有意或无意地抬高了笼络人才的精神投入,忽视或贬低了对人才的物质待遇问题。事实上,人类不管怎样高尚,都不可能脱离本能。为此,必须首先满足物质性的需求。画饼不能充饥,企业领导对待人才再以情动人,也不能消除人对于财富的合理追求。胡雪岩在人才使用上从来不单纯依靠金钱,但他从来不吝啬金钱,尤其是对于他看好的人才,是不惜重金加以招收,正是在他的金钱和感情双重攻势下,他手下的人才如此死心塌地为其服务。失去了其中任何一个方面,都不可能有这样好的效果。

　　其二,不要让自己付出的优厚待遇付之东流。既然是一分钱一分货,就必须确保货真价实。例如他在经营典当行之时,不惜重金雇用的档手就是看准了他的才能,而对于那些没有突出能力的人,或者不适合为他所用的人,他就不会浪费一文钱。

行动指南

　　在真正的人才上不惜重金,同时,也不会对滥竽充数的人多浪费一分钱。

星期一
用人不疑

古人云,将在外,军令有所不受,商事如同战事,应当用人不疑。

笔 记

"用人不疑,疑人不用",这是中国数千年用人经验的总结。因为其蕴藏着对人信任进而激发他人更大动力的良性循环,一直被许多成功者作为管理上的经典准则。胡雪岩在用人上也坚持这个原则,并且取得了许多成功,但是,他的失败在很大程度上也与这个用人原则相关。

当年胡雪岩在使用典当行的档手宓本常之时,对这个人的本性并没有太多的了解,因为时局紧迫,就仓促对他委以重任,而且对其坚持用人不疑的原则。如此一来,这个档手宓本常仗着胡雪岩对他的极度信任,暗地里挪用典当行的大量银子,后来胡雪岩有所发觉,曾一度提醒宓本常不可再犯,但因为没有采取有效的防范措施而导致宓本常更加肆无忌惮,最终导致胡雪岩的典当行大量银子亏空。不仅如此,宓本常还到处造谣说胡雪岩钱庄已经入不敷出,即将倒闭,引发了胡雪岩钱庄上的挤兑风波,这几乎给了胡雪岩苦心经营数十年的生意一个致命的打击。

这并不是说胡雪岩用人不疑的观念是错误的,恰恰相反,这提醒了我们现代人如何做才能实现真正的用人不疑。这就是在用人不疑之前必须做到"疑人不用"。胡雪岩对宓本常并没有看透,这正是导致他失败的重要原因。因此,问题的关键并不在于我们是否坚持了用人不疑,而是只有那些不会引起我们怀疑的人,我们才应该在使用他们的时候坚持用人不疑。

行动指南

在任用人才之前,务必了解清楚这个人的一切背景,并对这个人的品质进行客观的判断,只有毫无值得怀疑之人才可以用人不疑。

星期二
用人看本质

看了人再用,不要光看面子。

笔　记

人和动物的区别,一个非常重要的方面是人具有知识和思想,这使得人能够避免动物那样低级的生存状态。但恰恰因为人比动物多出了复杂的思想,导致了人在生活中虚伪掩饰,甚至阴谋算计。为此,给用人者提出了一个难题,如何透过人的表面去发现人的内在本质?

胡雪岩是一个聪明的商人,又经历过人生无数巨变,对于琢磨人可谓驾轻就熟。虽然他也有看人失误的时候,但综观胡雪岩经商的一生,在看人本质方面做得依然是非常优秀的。

如何看人的本质呢? 最重要的一点就是透过表面的行为理性地分析人的内在动机,也就是说,在看待员工行为的时候,要多追问几个"为什么"。

行动指南

在用人上务必做到不被表象迷惑,能够通过员工微小的细节对员工的本质加以理性判断。

星期三
情 义

要得到真正的杰出之士,只凭钱往往不能成事,关键在于"情"、"义"二字,要用情来打动他们。

笔 记

胡雪岩结交人才从来不吝惜银子,但更重视情感投资。因为在他看来,真正的人才往往不是用钱买来的,他对于嵇鹤龄的笼络就是最典型的例子。

嵇鹤龄足智多谋,能言善辩,但是此人恃才傲物,即使穷困潦倒也不接受任何富商贵人的聘任。为了把这个人才弄到手,胡雪岩采取了情义动人的办法。他首先打听清楚嵇鹤龄有一个最要好的朋友叫做裘丰言,通过裘丰言了解到嵇鹤龄刚刚丧妻,但因为这个人平时人缘极差,乃至妻子去世了去吊丧的人也不多。于是胡雪岩穿上七品官服,亲自找到嵇鹤龄的家里,先送上拜见的帖子,但遭到了嵇鹤龄的谢绝。胡雪岩并不以主人拒绝而返回,他直接进入嵇家,点香跪拜,并且毕恭毕敬地行礼。依照当时的规矩,客人行礼之后,主人必须对客人还礼,嵇鹤龄被迫与胡雪岩见面,这样就给胡雪岩提供了说服他为其效力的机会。

胡雪岩结交嵇鹤龄可谓情义深切,即使如何恃才傲物之人都要为之感动。从表面上看来,胡雪岩这样做未免有失身份,但后来的事实证明,胡雪岩笼络的这个人才对他后来的生意成功起到的作用是举足轻重的。就是这位人才不仅帮助了胡雪岩,还帮助胡雪岩的政治靠山王有龄在官场危机中及时化解了矛盾,胡雪岩的情义付出完全是值得的。

行动指南

笼络人才不要完全寄希望于提高薪水工资,只有对员工有情有义的领导,才能真正赢得员工的尊重。

星期四
谨防志大才疏

仅有志向，不能识人、用人，此之谓"志大才疏"，像那样的人，生来就苦恼！这个道理，就叫"爬得高，跌得重！"他爬上去是靠机会，或者别的人有意把他捧了上去的；捧上了台，要能守得住，也不是件容易的事。这一摔摔下来，就不送命，也跌得鼻青眼肿。所以这种志大才疏的人怎么样也是苦恼！

笔　记

一个人拥有远大的志向，这固然是一件好事，但仅仅有志向而不能在实践中做出与此相应的事情，就只能是一事无成的空想主义了。

胡雪岩从小就是胸怀大志的人，但他并没有仅仅停留在空谈大志上，而是为此进行了艰苦的努力，尤其在如何结交人和使用人上，早早地为后来积累了丰富的经验。正是基于他的理想和能力的双重准备，他才没有沦落为夸夸其谈的志大才疏之人。这给今天的商业经营者一个非常重要的借鉴或启示意义在于，衡量一个人才能力的高下不仅要看他的志向是否远大，更要看远大的志向是否建立在现实的大地上。

历史上无数志大才疏之人的悲剧结局，无不是因为才能有限而理想膨胀。如果冷静地反思这个现象，我们不难发现，用人者也在这些悲剧中扮演了不光彩的角色。许多领导者往往喜欢夸夸其谈者，从不慎重考察有志向之人的实际能力，遇到这样的人便以为遇到了贤士，加以顶礼膜拜。这大大助长了才疏志大者的自恋情绪，如果用人者能够及时警告他们，让他们放弃不切实际的幻想，多做一些踏踏实实的事情，那么，不仅挽救了那些志大才疏之人，还最终挽救了自己的整个事业。

行动指南

不仅要杜绝志大才疏的毛病，还要在用人上通过实践考察志向远大者，谨防这些大志者的夸夸其谈葬送了整个企业的前途。

星期五
财 与 才

用人要以财"买"才,以财"揽"才。

笔 记

在胡雪岩看来,用人要以财买才。这并不是说只要舍得出钱,就可以把人才揽到手,而是告诫那些既想找到人才又舍不得出钱的商人,世界上没有免费的午餐,想招揽人才,就必须舍得付出。

用金钱铺路来招收人才,本身包含着对人才的尊重和对其能力的肯定。对于人才来说,吸引他的不是钱财本身而是雇主对自身的尊重和肯定。对于招收人才者来说,如果没有从思想观念上认识到钱财铺路是对人才价值的肯定,即使把人才招收进来,也无法让人才尽心为其服务。

行动指南

在招收人才上不仅不惜重金,还要从观念上认识到这是对人才价值的肯定和尊重。

四月

人　脉

第一周

星期一
和衷共济

一个人的力量到底有限,就算三头六臂,又办得了多少事?要成大事,全靠和衷共济,说起来我一无所有,有的只是朋友。要拿朋友的事当自己的事,朋友才会拿你的事当自己的事。没有朋友就天大的本事,也还是没有办法。

笔 记

"一个好汉三个帮,众人拾柴火焰高。"这一说法积淀了中华民族集体的智慧,并历经实践的检验而被后人推崇备至。历史证明,自古至今,大凡能成大事者,无不具有聪颖过人的智慧,但他们并不是依靠自己孤军奋战才打拼下了一片天下,而是因为他们总是善于利用各种手段团结了无数的人才,组建了一个庞大的人才队伍,通过大家的齐心协力最终战胜了对手。在这个意义上我们可以说,没有朋友的帮助,一个人纵然有天大的本事,也是无济于事的。

胡雪岩曾说自己一无所有,全靠朋友帮忙才有了后来的成就,这固然是一种极度的谦虚和低调。因为面对各种危机,还是胡雪岩最终拍板拿主意,而不是身边的朋友。但这并不等于说胡雪岩可以离开朋友获得成功,如果没有身边朋友的帮助,胡雪岩即使有了主见也不会考虑得非常周全严密,所谓智者千虑必有一失,愚者千虑或有一得。更何况他身边的朋友并不是愚者。

但是,我们至此还不能说只要有了朋友就可以成功,因为有朋友只是为成功提供了必要条件,想成功还必须让朋友同舟共济,只有朋友心往一处使,才可能产生集体的智慧,也才能够让这种巨大的力量推进雇主的事业。胡雪岩是一个精明的商人,他不仅用绝妙的手段笼络了大批人才作为朋友,同时还让他们和自己一起团结起来,共同奋斗。这对于今天科层制分工越来越细密的企业而言,如何把手下员工凝聚起来,确实值得借鉴。

行动指南

不仅要笼络大批人才,还要让他们和自己和衷共济,充分挖掘集体的智慧。

星期二
先为别人考虑

俗话说"前半夜想想人家,后半夜想想自己"。我们现在先想自己,有什么好处到人家那里,人家肯看交情上头,冒一冒险。

笔　记

胡雪岩借用了江浙地区流行的一句俗语,表明自己在经商方面坚持的一贯原则。在诱人的利润和机会面前,不要只想着自己,相反,从长远来看,要为别人考虑。这句话在竞争残酷的商业世界似乎有点虚伪,但胡雪岩在经商方面的切身体验以及成功事实,却足以让我们今天的人感受到这个理念的正确性。

一次,胡雪岩帮助王有龄解决了漕米运输的难题,深受同行的赞誉,他提出让这个行业地位最高的魏老爷借垫漕米的要求后,魏老爷非常痛快地答应帮忙,但当他把魏老爷的话向具体负责办事的管家尤五说了之后,尤五虽然表面答应得很好,却没有具体的行动。胡雪岩凭着商人的敏感,知道其中必有难言之隐。经过打听后才知道,魏老爷的漕帮经营虽然很有实力,但是眼下正是非常时期,如果真的按照胡雪岩的请求帮助他垫付一大笔的漕米,那么,固然不需要担心任何损失,但无法度过眼前的危机。碍于胡雪岩的请求,魏老爷又不好意思拒绝。胡雪岩得知事情原委之后,立刻让钱庄朋友借一大笔银子给尤五,不仅没有勉强漕粮的事情,反而帮助魏老爷渡过了难关。此举深受同行的敬佩。

在今天也是一样,当你请求朋友帮忙的时候,对方很可能出于种种原因而勉强答应,而你却浑然不知。这样下去,不仅损害了朋友的利益,也会最终让人敬而远之。

行动指南

在经营中要学会换位思考,以他人的角度考虑一下处境,然后再提出自己需要帮忙的地方,不能把自己的请求建立在他人损失的基础上。

星期三

为对方利益着想

胡雪岩做生意讲究的是"花花轿儿人抬人",他不仅考虑到自己的利益,也为对方的利益着想,绝不为了自己谋求最大利益而不择手段,这在尔虞我诈的商业竞争中实属难能可贵。

笔记

中国古语云:"天下熙熙,皆为利来;天下攘攘,皆为利往。"这种说法固然把人们对物质利益的渴求推向了极端,但对于商人而言,做生意就是要赚钱的诉求是十分合理的。正因为这个原因,在商业战场上,商人们常常为了维护自己的利益而不择手段。久而久之,我们竟然习惯了商业战争中的尔虞我诈、阴谋算计等卑鄙手段,而把那种做事正直,为他人利益考虑的举动,认为是不合时宜的。

胡雪岩做生意为对方利益着想的行为,从表面上看起来,不过是为自己赢得善人的美名,为其赚取商业利润服务。但如果以此认为胡雪岩如此经商就是为了商业利润考虑,那就过于短视了。胡雪岩之所以为他人利润考虑,一方面,出于个人品行上的正义;另一方面,还在于他能从更为长远的目光来看待整个商业市场。与一般商人不同,胡雪岩对于商业行为是从整体上来看的,并不是把眼睛盯着自己,还看到自己的利润和所有商人之间的内在联系。如果为了自己利益而不惜损害同行,固然可以赚取一时的财富,但最终会因为同行的反对使自己陷入孤立之中。

行动指南

把个人利益和商业同行整体利益联系在一起,在赚取利润之时要为对方着想。

星期四
你吃肉我喝汤

你做初一,我做十五,你吃肉来我喝汤。

笔　记

胡雪岩曾和洋人谈妥了一笔军火生意,在几乎要成交的关键时候,却有人利用官场势力打通关系,从胡雪岩手中抢走了这笔生意。当时,胡雪岩已经具备相当强大的政治和经济实力,完全可以直接把这笔生意从那个商人手中夺回来,但胡雪岩考虑到大家经商都要赚钱,不能依仗自己的实力强大而剥夺同行的饭碗,于是,他找到那位商人,主动提出把这笔生意最大的利润让给对方,自己只拿很少的部分。那位商人非常感动。胡雪岩此举也深得同行的赞誉。

"有福同享,有难同当",这是中国古代政治家们常常挂在嘴边的一句话,以此鼓动手下人为其卖命,非常有意思的是,在大难临来之前,领导者往往喜欢借助大家的力量共渡难关,一旦危机消失,或者功成名就之后,在大富大贵面前就一反常态,往往很难做到有福同享。政治上如此,商业上同样如此。而且,商业利润往往比政治权力更具有诱惑力,那些一夜暴富的商人们往往在获取大笔利润之后不再兑现最初的诺言。胡雪岩的"你吃肉来我喝汤"的经商理念,确实令人钦佩。

胡雪岩通过"你吃肉我喝汤"的经营实践,妥善地处理了和同行的关系,使得整个军火市场保持一个稳定的环境,同时,又赢得了同行和竞争对手对自己的尊敬,最大限度地避免了自己被孤立的状态。这为自己经商生存空间奠定了重要的基础。

行动指南

即使自己的实力雄厚,也不要轻易排挤同行,尽量避免自己被孤立的状态。

星期五

赢得朋友才能靠朋友

只有替朋友着想,才能赢得朋友;有了朋友,才能靠朋友。

笔 记

　　胡雪岩曾经说过生意场上并没有真正的朋友,那么,为什么他又说要替朋友着想才能赢得朋友呢?胡雪岩说的朋友并不等于一般的朋友,在胡雪岩看来,生意场上的朋友因为利害因素的掺杂,往往并不像生活中的朋友一样纯洁,在共同的利益面前,朋友往往因为是竞争对手而成为敌人,而敌人也往往因为利益的纠葛而成为朋友。因此,胡雪岩并不是彻底否认生意场上存在朋友的可能性,而是强调商人经商中应该按照商业规则来行事,不要以私人情感来处理人际关系。胡雪岩的朋友概念是一个包容性极大的范畴。一方面,他的朋友包括王有龄这样的私交甚笃的至交;另一方面,他的朋友还包括与他竞争的同行对手。这是胡雪岩经商朋友理念与一般人不同的地方。在他看来,仅仅依靠王有龄这样少数几个知己是远远不够的,还需要最大限度地扩大朋友的战线。为此,那些与自己存在竞争矛盾的人也应该成为自己的朋友,这样就可以在商业竞争上保持一种合作共赢的关系。

　　想处理好和朋友的关系就必须设身处地为朋友着想,只有用心相处才能换取朋友的信任。例如,胡雪岩在和自己私交甚好的朋友交往时,表现出舍己为人的品质,赢取了王有龄、左宗棠等朋友的信任。他在和同行朋友相处之时,能够主动让出自己部分利润给大家,绝不垄断打压那些实力相对弱小的商人,这就赢得了对手的尊重。而等到胡雪岩有困难的时候,不仅私交朋友鼎力相助,就连那些同行也能够给予很多的支持。这正是他说"有了朋友,才能靠朋友"的根本道理。

行动指南

　　要为朋友着想从而获得朋友的信任,要依靠朋友的帮助从而获得成功。

星期一

不为难朋友

这件事一定要你们这方面能做才做,有些勉强,我们宁愿另想别法。江湖上走走,不能做伤害好朋友的行当。

笔 记

绝不勉强朋友做为难的事情,这是胡雪岩在处理朋友关系上坚持的原则。

胡雪岩的朋友王有龄刚刚获得浙江海运局的肥差,才上任就遇到了一个麻烦:政府催逼王有龄立即把大量的漕粮运往京城。但由于长年的战争破坏,不仅运河失修,水路不畅,就连粮食也很难筹集到。在万般无奈之下,王有龄找到了胡雪岩帮忙,胡雪岩一口答应,立刻找松江漕帮尤老板帮忙,但尤老板自己生意正处在困难时期,根本无法在短期内筹集如此多的漕粮,惧怕胡雪岩的政治背景和经济实力,以及朋友的面子,感到非常为难。胡雪岩敏感地发现了尤老板的困难,立即告诉尤老板不必为难,主动找自己钱庄朋友贷十万两银子给松江漕帮,以解救朋友燃眉之急。不仅解除了松江漕帮垫付漕米的重任,还帮助他度过了眼前的危机。

胡雪岩此举的目的固然在于笼络人心,但其中为朋友考虑的高贵品质还是非常值得现代商人借鉴的。当下,一些商人成为好朋友之后,自己遇到困难需要朋友帮助时,要求朋友必须支援,如果朋友无法帮助便会责怪朋友缺乏诚意,往往以陌路人待之。这种经商行为,实际上是一种人性自私的体现。

行动指南

请求朋友帮忙,务必不能勉强,不要让朋友觉得为难。

星期二
朋友是再生父母

俗话说得好"在家靠父母,在外靠朋友",我是在家亦靠朋友,所以不能不为朋友着想。

笔 记

"在家靠父母,在外靠朋友。"这句老掉牙的话对于每个人都熟悉得不能再熟悉了。但真正理解其中要义并不是一般人想象的那么简单。

商人需要朋友并不仅仅因为朋友能够给自己带来可观的商业利润,而是人性本身的需要。商人需要面对各色消费对象,随时会遇到各种各样的问题,有了朋友的帮助可以更为轻松地化解诸多困难,这就相当于给自己的事业带来了更大的利润价值。但如果以此认为交朋友就是为了解决现实困难和赚取利润,那就完全错误了。商人广交朋友有助于困难的解决和利润的获取,这只是拥有朋友的最直接好处,从根本上说,一个商人拥有朋友的好处在于能够解除人性的孤独感,能够激发一个人向社会挑战的热情和勇气。朋友的鼓励和智慧之所以能够用来解决现实问题,就在于他直接激起了商人继续面对困难的勇气和信心,恢复一个商人理性冷静思考的本质。这是为什么需要朋友的原因。

商人需要广交朋友并不等于朋友越多越好。在胡雪岩看来,朋友多是经商成功的一大秘诀,但是,交朋友不仅要看数量更要看质量。中国古语云:朋友千千万知心有几人。与其多了几个阴谋算计自己的假朋友,不如宁缺毋滥。胡雪岩喜欢交友,但从来不是无原则地滥交,而是对人加以详细的考察,在充分了解了这个人的人品之后,做出理性的判断,感觉这个人不会对自己产生巨大的隐患和危害之后,才会用心去交往。理解了这一点,就明白为什么出门在外可以靠朋友了。

行动指南

善于在经营中组织一个庞大的朋友关系网,通过朋友激励自己战胜困难的信心,获得赢取商战的智慧。

星期三
什么是真正的靠山？

靠山都是假的，本事跟朋友才是真的。有本事、有朋友，自然寻得着靠山。

笔　记

做生意要有靠山，正如古人说的朝中有人好做官一样，经商也需要有官场上的靠山。胡雪岩能够把生意经营得有声有色，王有龄、左宗棠这两座政治靠山可谓居功至伟。但是，胡雪岩的过人之处在于，他并不把这种靠山的作用和价值推向偏激的地步，而是非常冷静和理性地认为，靠山虽然对生意有帮助，但是不要把生意成功完全寄希望于靠山，真正的靠山应该是自己的本领和好的朋友。

一个商人固然可以通过金钱收买来寻找到靠山，但既然这座靠山可以被你用金钱收买，那么，同样也可以因为金钱被其他收买，甚至出卖你。所以，胡雪岩说靠山都是假的。他并不是否定靠山的价值，而是否定通过金钱等不正当方式获取的靠山。他和王有龄的交情就不是通过金钱建立的，在王有龄最困难的时候，胡雪岩冒死相助才有了王有龄后来的飞黄腾达。试想，如果胡雪岩在王有龄发达之后才去结交他，这样的靠山自然就有了水分，当然就不可靠了。

有了本领的商人，不仅容易获得靠山，而且还可以让靠山变得坚实可靠。一个商人的才华不仅可以吸引政治靠山对其鼎力相助，即使是被金钱收买的政府官员，也会因为商人能力的过人而在给予帮助时付出更多的真诚。例如左宗棠从一开始鄙视胡雪岩到后来成为胡雪岩的莫逆之交，就是因为钦佩胡雪岩的才能，从单纯的政治靠山这一利用和被利用的关系，发展到私人朋友的关系。这样的靠山当然就比单纯的政治利用要牢固得多。

行动指南

即使一个人的靠山如何强大，都不要把成功的所有希望寄托在靠山上面，要明白只有凭借自己的实力才能取得成功。

星期四
广结盟友

立人以立己,达人以达己;盟友多,好办事。

李嘉诚曾说:"决定大事的时候,我就算100％的清楚,也一样要召集一些人,汇合各人的资讯一齐研究。这样,当我得到他们的意见后,看错的机会就微乎其微。"李嘉诚的这种经商理念其实并不特别新鲜,中国古代无数成功的商人早已对此做过总结,而且,这种用人的智慧就来自于古人创造的广结盟友的基本理念。

在胡雪岩看来,盟友多好办事。这里的盟友指的是一切可以团结起来的有利于获取商业利润的人。其中不仅包括政府官员、地方绅士,还有商业同行、竞争对手等。一般人往往很难理解胡雪岩建立"最广泛的统一战线"的经商理念,如果在他创业之初广交朋友固然是一种必要,但当他后来羽翼丰满、财大气粗之后,完全可以凭借自己的实力雄踞市场主导地位,然而,他依然很低调地交结盟友,这正是胡雪岩在交友上高人一等之处。因为生意是一生的事业,要想经商成功,必须始终保持自己商业经营的良好环境,尤其是人际关系。

例如他成功经营了钱庄和典当行之后,在进军地产和军火生意之时,就遭遇了许多的困难。当时处理危机的主要手段:一方面,依赖他雄厚的经济资本,以及强大的社会影响力;另一个方面,就是充分调动了盟友的力量。这对于当下商人而言,尤其是对于那些已经获得成功的商人而言,胡雪岩广结盟友的理念是十分值得借鉴的。

不仅在创业期要广交盟友,更要把这种理念贯穿在一生的事业中,任何时候把自己孤立在盟友之外的做法,都是致命的。

星期五
情与利的双赢

胡雪岩在生意上将心比心，待之以诚的做法，为自己赢得了无数的朋友。

笔　记

虽然胡雪岩一向认为：生意归生意，感情归感情，两件事不能混在一起。但他从来不把两者绝对地孤立起来，而是在坚持两者相对独立的前提下，适当而巧妙地相互借鉴，在生意上融合情感，做到以诚待人；在感情上则融入做生意的功利因素，不浪费感情。如此一来，实现了感情和生意上的双赢。

胡雪岩在生意上将心比心、待之以诚的做法，最成功的莫过于以情感打动了杭州"奇绣行"老板阳琪的芳心，不仅娶其为妻，还成功地涉足了地产生意。胡雪岩最初和阳琪相识纯粹是到"奇绣行"购买刺绣，看到阳琪的美貌和智慧，胡雪岩心生好感，于是订购了阳琪店里的所有商品，但胡雪岩并没有感情用事，而是按照生意上的规矩先订货后付款，这样胡雪岩和阳琪一直在生意上保持着友好的关系。后来胡雪岩看见阳琪经营的店面资金紧张，就主动出了一万两银子给她。阳琪并没有把这些钱用来个人消费，而是暗中以胡雪岩的名义购买了一块地皮，结果她的这笔投资很快赚了大钱，后来才告诉胡雪岩自己这样做算是对他关心"奇绣行"生意的报答。

胡雪岩对"奇绣行"生意的关心显然有私情，但他并不是完全出于私人情感，其中还有商业的眼光，后来阳琪用丰厚的利润回报给他就是最好的证明。如果他单纯地出于儿女私情或者单纯地追求商业利润，都不可能在以后成功地控制和掌握"奇绣行"这个生意。

当下商人们往往把生意和情感完全割裂开，只看到两者的区别和差异，而不知道在两者之间进行弥补缝合，要么只讲情感不讲生意规矩，要么见利忘义唯利是图。如此目光短浅，当然无法赢得有利于生意发展的真心朋友。

行动指南

以情感俘获他人，把同行甚至竞争对手发展成为朋友，实现情感和生意的双丰收。

第三周

予人方便

胡雪岩做事，予人方便，予己方便。

胡雪岩这个人够味道就在这种地方，明明帮你的忙，还要叫你心里舒坦。

笔 记

"予人方便就是自己方便"的话人人皆知，但其中蕴含的深刻道理和商业智慧，并不是一般人想象的那样简单。

首先，给他人带来方便可以为自己树立良好的个人形象。一个成功的商人想在激烈的商业竞争中战胜对手，并不能仅仅依靠产品的质量，还需要积极调动各种各样的有利因素。其中，商家领导者的个人形象以及整个商业形象对于经营的成功都有着至关重要的影响。例如，胡雪岩在从事漕粮经营的时候，并不依仗浙江海运局王有龄的关系而欺压其他同行，而主动让利给竞争对手，这就是给其他人方便，当然赢得了同行的尊重。而这种行为也给了自己方便：当他筹集军饷资金不足之时，伸手向同行求援，同行大都愿意帮忙，这正是此前他能够做到给予他人方便的回报。

其次，给他人方便并不是把利润完全割让给他人，而是一种共同分享市场蛋糕的聪明方法。市场利润这个蛋糕是固定的，任何商人都想分享其中一块，那些实力大、头脑活的商人往往成为最先切蛋糕的人，但如果出于贪婪企图自己独自占有整个市场利润，而把其他商家完全打压下去，即使有这个能力也是后患无穷的。胡雪岩在成功之后被商界誉为"财神爷"，可谓真正是财大气粗了，但他依然给弱小商户们留一口饭吃，因为这样做实际上在给自己留一条后路，避免被整个商界完全孤立起来。

今天，人们往往把商业竞争妖魔化为"有你没我、有我没你"不共戴天之仇的关系，似乎想成功就必须踏着别人的尸体前进。其实不然，胡雪岩的商业智慧足以让我们现代商人反思如何能够做到予人方便就是予己方便。

行动指南

知道适当地给予同行帮助，也是给自己留下后路。

星期二

海纳百川

胡雪岩交朋友来，生冷不忌，水路并陈，没有三六九等的界限，真正是什么人都和他有缘分。

笔　记

胡雪岩经商注重结交朋友是众人熟知的，但一般人往往认为他结交的朋友都是对他生意有用的人。事实上并不如此。胡雪岩交朋友向来生冷不忌，正是由于他如此开阔的眼界，没有在交朋友上采取功利世俗的眼光，才能够深得朋友的信任。

胡雪岩交朋友不分三教九流，不分地位高下，只要有一技之长，并且人品正直，他都愿意结交。今天，人才招聘已经成为全球化人才战略的必然趋势，各个企业往往以招聘高学历的人才作为经营管理的一大成功经验。其实这样做非常不妥，一个企业的领导者仅仅通过单一的途径结交有助于企业发展的朋友是远远不够的，只有具备海纳百川的胸怀，才能笼络到真正的人才。

行动指南

要善于通过各种途径结交到有助于企业发展的朋友，只把眼睛盯着和自己地位相当的人，不可能为企业找到真正的人才。

星期三
烧 冷 灶

他结交官场,不仅"趋热门",而且善于"烧冷灶"。胡雪岩认为,这种"雪中送炭"的义举会使受助之人感激不尽,因而他们一旦在受助之后,飞黄腾达了,肯定会给自己意想不到的回报。

笔 记

在中国官场有句话,叫做人走茶凉。当官的一旦面临降职或者调离等情况,人们往往不再对其热情巴结如从前,能够不落井下石已经算是不错了。至于这些官员平日里可以随意吆喝着他人去做的事情,此时往往会碰到软钉子。如果此时有人能够主动帮助这些正在"贬值"的官员,往往具有雪中送炭的意义。

胡雪岩看准了给予落魄之人帮助所获得的巨大价值,在经商中常常充分利用这个办法,结交这些人,并获得了巨大的回报。例如,胡雪岩开办阜康钱庄不久,浙江藩司麟桂要向胡雪岩借两万两银子,而当时这个政府官员与胡雪岩并不熟悉,而且他即将被调走,如此一来,如果胡雪岩借钱给他,很有可能因为这位官员的调离而人财两失,在一般人看来,胡雪岩完全可以拒绝。但胡雪岩考虑到这个官员正处于人走茶凉无人帮助的"冷灶"状态,如果自己能够主动伸手帮助,他日后肯定会加倍报答。于是,胡雪岩就慷慨地按照麟桂的要求借给了他两万两白银。麟桂大受感动,在离职前,主动请朝廷户部明令褒扬胡雪岩的阜康钱庄,使得创业之初名不见经传的阜康钱庄在国内大大提高了知名度。另外,麟桂把浙江省额外的增收、支援江苏镇压太平军的协饷也委托阜康钱庄办理,并且规定将来江苏和浙江两省的公款往来,都交给阜康钱庄办理。胡雪岩"烧冷灶"的利益回报,远远超出了最初的投资。

当下的商人有的也能采用"烧冷灶"的方法,但往往不能坚持,或者目光过于短浅,一时看不到利润就感觉没有前途。这样过于功利的思想,在"趋热门"中也许能够有点作用,但长久来看,不会有太大的作为。

行动指南

在结交朋友上,不要总是"趋热门",要有魄力、有胆量"烧冷灶",目光长远,不要计较一时之得失。

星期四

友在江湖

商人不是在商场中走,而是在江湖中走。
人在江湖走,全靠互相支撑,钱财乃是小事。

笔　记

商人经商只需要在商场中运作,与商业利润打交道,与身外江湖似乎并无关系,胡雪岩却说商人不是在商场中走,而是在江湖中走。这究竟是为什么呢?

一方面,商场本身就是江湖,里面充满了尔虞我诈和阴谋算计,人在商场中行走,如同在江湖中行走一样,需要处处提防小心,不仅要面对同行之间的正当竞争,充分发展自己的潜能,建立自己庞大的事业基础,以此有足够的力量去和其他人对抗。同时,还要小心部分奸商的阴谋诡计。凡是涉足商场的商人,无不知道商场险恶,无不自觉和不自觉地遵守商业潜在的规则,从这一点而言,人在商场如同在江湖中行走是一样的。

另一方面,人在商场又与纯粹的江湖有着纽带关联。商业市场本身存在着巨大的利润空间,不仅仅商人涉足其中,江湖人士也往往直接参与进来。商业竞争就不再是纯粹的商人之间的角逐,而是要直接面对江湖纷争。例如,胡雪岩在涉足浙江生丝收购生意之时,就遇到当地江湖组织的阻挠,为此,胡雪岩并没有用商人的规矩来处理,而是以江湖规矩主动"拜码头",与这个江湖组织的头目见面后,从洋人对中国民族商业压制的层面上,激发了这个江湖组织头目与自己合作的愿望。如果胡雪岩通过商业利润的诱惑来处理这件事情,根本不能打动对方,从江湖义气、民族大义的江湖规矩来处理,恰恰得到了圆满的解决。

行动指南

善于处理商场之外的各种人际关系,把商场看做一个江湖,而不是一个纯粹的商人竞争游戏。

星期五

化敌为友

没有永远的敌人,只有永远的利益。

笔 记

西方的政治家曾说,没有永远的朋友,仅有永远的利益。这样一句话,不仅成为第二次世界大战后英国外交的立国之本,还成为世界各国公认的外交规则。其实,早在西方政治家们说这番话之前,中国的商人胡雪岩就已经以同样的话,揭示了商人交往的潜规则。

商人以赢利为最主要目的,所有的人际关系自然要依据经济利润的趋向,在利益面前,不能以一般的情感来评判,当然也不存在绝对的朋友和敌人。如果朋友和自己是竞争对手的关系,那么,这种友情当然要被暂时搁置,如果敌人在一个生意上是合作的利益同盟,那么,自然又可以成为暂时的朋友。这正是胡雪岩为什么说"没有永远的敌人,只有永远的利益"的内涵。

行动指南

在企业发展战略上,对待朋友关系的处理不要心胸狭隘,要以商业盈利为导向处理敌友关系,把个人情感的敌友关系埋藏在心中。

星期一

留有余地

待人做事都要留有余地,无理自然要让人,得理也不能不让人。只有这样,留给别人一条活路,自己日后才有可能多出一条财路。

笔 记

既然人在现实生活中随时可能遇到各种各样的困难,那么,在困难时多个朋友,当然也就多了得到别人帮助的可能,至少比多个仇敌要减少一份隐患。这正是胡雪岩广交朋友、少树敌手的原因。那么,如何做到多个朋友少个敌手呢?

在胡雪岩看来,做事留有余地是一个非常有效的办法。得饶人处且饶人,这是古训,当然有它存在的合理性。如果得理不饶人,对他人步步紧逼,穷追不舍,就会彻底激怒对方,增加对方对自己的怨恨。如果能够做到得理饶人,就会给他人一个心胸大度的印象,往往会使得对方愧疚之下感谢他给自己留下的后路。事实上,中国数千年的历史已经证明绝大部分被放了一条生路的人都能够知恩图报,这不仅显示了饶人者心胸的开阔,还给自己留下了一个让他人感激涕零、感恩戴德的机会。这对于经商的人而言,不仅多了一条日常生活中的朋友之路,也是多了一条财路。

当然,得理饶人并不是不分敌我,甘愿做被蛇咬的农夫,而是首先需要有冷静的分辨能力,对于人的本性要有深刻的观察,对于那些心狠手辣的竞争对手,就不能给他们喘息和翻身的机会。

行动指南

要把握对待敌手的尺度,能够在不留后患的情况下,放对手一马,以此树立自己崇高的形象,还给自己增加一条财路。

星期二

多一个朋友多一条路

多一个朋友多一条路,自然也就多一份利益;而多一个敌人就会多一堵墙,自然也就会少一份利益。

笔 记

在我们的传统观念中,"人多好干活,人少好吃饭"的道理似乎是天经地义的。如果把这个经验运用到商业领域,那就是多个朋友多一条路,可以为经营获得更多的商业机会。

胡雪岩在经营地产生意的时候,对这个行业根本不了解,从经营管理到战略规划,他都面临着巨大的风险,为此,他动用了身边一切可以利用的朋友资源,他们不仅为胡雪岩提供了相关的信息,作为胡雪岩规划发展的参考,同时,还提醒胡雪岩注意在发展中规避风险。虽然后来胡雪岩的地产经营并不算非常成功,但如果没有朋友的帮助,他可能连最起码的起步都无法展开。这正是他说的"多一个朋友多一条路"和"多一份利益"的根本原因。相反,树敌过多,就会陷入被同行排挤驱逐的尴尬境地,摆脱竞争对手对自己的暗算阴谋尚且自顾不暇,更不要说有精力去发展商业赢取利润了。

李嘉诚在谈到自己经商成功经验之时曾说,自己交结的无数朋友对于自己的事业给予了很大的帮助,如果没有朋友帮助,他不可能有今天的成就。这句话既揭示了李嘉诚成功的奥秘,同时也验证了胡雪岩经商理念的正确性。

行动指南

要把发展朋友关系作为赢取更多利润的重要途径,在发展朋友上不要顾忌利润的分割,要想到如果没有朋友,很可能就失去了获取最基本利润的可能。

星期三
人脉胜于金银

银钱有用完的一天，朋友交情却是得罪了就没得救！

笔　记

　　如果对朋友和金钱之间重要性进行比较的话，目光短浅的商人往往选择金钱，在他们看来，朋友交情再好也不能当饭吃，还是现实的物质利益更实在。而目光长远的商人，会毫不犹豫地选择朋友，胡雪岩就是坚持这样的理念，他追求金钱，但从来不把金钱看得比朋友更重要。

　　一次，胡雪岩的至交王有龄在四月下旬接到升迁调令，要求他到湖州上任知府，身边的朋友都劝王有龄赶在端午节前上任，因为按照当时清朝官场的潜规则，新官在节前上任，地方官吏豪绅都会向其孝敬贿赂，这可是一笔不小的收入。但胡雪岩劝阻王有龄不要这样做，在胡雪岩看来，如果王有龄这样急着上任，就相当于从原任地方官手中夺取了受贿物品，必然引起前任官员的不满，王有龄想在官场上升迁，就不能因为金钱而得罪朋友。如果收了这笔贿赂，确实是一笔可观的收入，但这笔钱总有花光的那一天，而如果不去上任，就等于给湖州上任地方官一个巨大的人情，不仅可以维持官场中的朋友关系，还可以在以后让这个地方官感恩戴德。果然，王有龄听从了胡雪岩的劝告，避免了因为金钱而陷入失去一个朋友和增加一个政敌的危险。

行动指南

　　要把建立人脉的重要性放在商业利润的前面，不要被眼前的利益所蒙蔽。

星期四
一碗饭，大家吃

人要脸，树要皮，一碗饭，大家吃。

笔 记

胡雪岩在利益面前想着大家，这是人所共知的。至于他这样做的一个重要原因，在一般人看来无非是为了避免自己被商界同行孤立，这当然是胡雪岩"有饭大家吃"的经商理念的重要原因，但这既不是唯一的原因，也不是最重要的。在我看来，胡雪岩倡导"有饭大家吃"并不是被迫的，而是完全出于个人自愿。

胡雪岩的"有饭大家吃"并不是让大家来分吃自己碗里的饭，而是带着大家向商业市场要更多的饭。从表面上看，胡雪岩主动割让自己的利润给其他人，这给他带来了一定的损失，但从长远来看，胡雪岩虽然个人损失了一定的利润，可是把同行笼络到一起给未来赢取了更多的利润空间。换言之，胡雪岩通过损失个人的一点利益，换取了将来更大的利润。如果从整个商业利润空间的角度上说，他的"有饭大家吃"属于只赚不赔的买卖。

今天，商人们为了争夺利润除了进行正当的商业竞争，还有的沦落到了落井下石、卑鄙无耻的地步，虽然这样的人也能够在短时间内获取相当多的利益，但终究因为个人的道德品质差，以及只看眼前利益的平庸，会失去更大的利润空间。

行动指南

要树立长远的大市场利润观念，从整个市场中获取更大的利润而不是在同行之间相互计较争斗。

星期五
出生入死

第一，我怕王雪公心里会说：胡某人不够朋友，到要紧关头，他一个人丢下我不管了。第二，我怕旁人说我，只晓得富贵，不知道啥叫生死交情。

笔　记

胡雪岩和王有龄的交情可谓是生死兄弟，虽然一个是政府大员，一个是富商，但两人生死兄弟之情并不是来自官商勾结的相互利用，而是真正的患难之交，正因为二人超越了一般的金钱关系，才能够在古代商界演绎一场为朋友两肋插刀的传奇故事。

中国古代官场斗争极其复杂，政治集团之间的相互倾轧非常普遍，王有龄固然聪明绝顶，可是仅仅依靠个人力量还是无法应对，于是他在重要问题上无一不找胡雪岩商量，尤其是在困难危机时更是依赖胡雪岩的鼎力支持。难能可贵的是，胡雪岩不仅不依仗有恩于王有龄而狂傲自大，为了帮助王有龄，甚至不惜以生命为赌注。在王有龄被太平军围困在杭州城的时候，水陆交通断绝，城内饥民无数，王有龄面临灭顶之灾，他想尽一切办法和城外的胡雪岩取得了联系，请求他紧急运送粮食来杭州救济。在这种战争局面下，胡雪岩运送一船的粮食随时都有被太平军抓住斩首的危险，但他依然毫不畏惧，在坚持等待数十天仍然无果的情况下，被迫只好把这船粮食运到了湖州。虽然胡雪岩没有最终完成王有龄的请求，但他做到了为了朋友甘冒生命危险。这既体现了他和王有龄之间的私人感情，同时，更是为我们后人展示了胡雪岩为什么能够结交到真正的朋友，以及为什么能够在事业上取得巨大成就的内在奥秘。

行动指南

在患难朋友遇到困难之时，要舍得放弃诱人的商业利润。

执 行 力

第一周

星期一
智勇双全

神乃心志，无神者，枉为人也。

神者，料事准确，勇者无敌。

料事准确，是为智者；勇敢无敌，是为强者；勇而无智，一卒之能耳；智而无勇，儒腐之智耳。智勇兼全，方为神者。

具有先天之智者，勇乃其羽翼也。商者多虑，若非佐之以勇，辗转定夺，则心劳而机失也。智为勇据，勇为智行，二者并重，不可或轻。

笔 记

在一般人看来，做生意首先需要智慧，能够拥有经商的智慧，就可以做到料事准确，判断合理。当然，经商方面的智慧并不是每个人都可以获得的，像胡雪岩这样的经商天才在很大程度上与其天赋有关。例如，他在做学徒的时候，虽然和众人一样都从事极其低贱艰苦的工作，但是，他做事情非常注重用脑子，在不需要智慧的体力劳动中显示了超越众人的能力，深得老板的赏识，因此很快得到升迁，摆脱了倒尿壶、扫地的低贱工作。后来他在经商中多次捕捉到商机，投资粮食漕运、典当行、军火、地产等生意，都靠一个智字。正是他在经商方面过人的智慧，让我们今天的商人羡慕不已。

但是，经商仅仅拥有智慧还是不够的，还需要"勇"。在胡雪岩看来，智慧只能帮助一个人准确判断市场行情，但真正迈出第一步，需要冒着巨大的风险，为此，一个商人没有敢于冒险的勇气和魄力，即使再有智慧也只能停留在理论层面上，永远不会将之转化为白花花的银子。胡雪岩就是这样一个聪明绝顶的人，但他赚来的钱也无不是冒着巨大的风险，尤其是在太平军和清军交战的情况下，其经商赚取的利润几乎都是冒着被太平军抓住杀头的危险换取的。如果没有勇敢和魄力,他的智慧就无用武之地了。

当然,智勇双全应该属于做人的理想追求。能够拥有其中一个方面的才能,已实属不易了,想实现鱼和熊掌兼得往往是可望而不可即。这就注定了两者不可或缺的本质。现代商人需要明白这一点,否则,有智无勇的人只能是嘴上诸葛亮,有勇无智的人只能是匹夫之勇。

行动指南

要注意培养和提高经商中的智慧和魄力,不能偏废其一,要以智慧引领魄力,避免莽撞;要以勇敢促动智慧,敢作敢为。

星期二
敢冒风险

你只要多用心思,凡事想停当了去做,冒点风险也不要紧。不冒风险的生意人人会做,如何能够出头?只要值得,你尽管放手去做。

笔 记

商业投资到处是商机,每个商机往往又充满着风险,风险越大,商业利润也就越多。反之,毫无任何风险的投资,固然很安全,但往往无多少利润可言。正是在这个意义上,我们可以说,任何想在经商方面获得成就的商人,都必须面对巨大的风险。

胡雪岩做生意敢于冒风险,在太平军和清军大战的情况下,他的钱庄做起了接受太平天国兵将藏匿财产的生意,这在当时是一件非常冒风险的事情,因为一旦被人诬陷为私通太平天国,即使没有杀身之祸,也总是脱不了干系的。

但是,他冒风险之前就考虑到了后果,胡雪岩之所以敢冒这个风险,是有两个前提的:第一,他有左宗棠这个政治靠山,如果东窗事发被人揭露,他可以凭借左大人的权势摆平这件事情;第二,他考虑到这个风险的最大后果不至于导致其倾家荡产、身败名裂,就算是有牢狱之灾,也不会动摇他整个事业的根基。有了这两点考虑,胡雪岩才敢于冒了这个风险,并且在这次风险中获得了巨大的商业利润。

当下,商业市场风云变幻,许多商人面对捉摸不定的行情,不得不冒诸多的风险,但与胡雪岩不同的是,他们中的许多人的冒风险是一种不计后果的蛮干,一朝算错,往往满盘皆输。这不得不令人好好反思胡雪岩冒风险的奥秘之处。

行动指南

要敢于冒风险,但前提是在行动之前须经过深思熟虑。

星期三
眼观天下

做生意的怎么样的精明,十三档算盘,盘进盘出,丝毫不漏,这算不得什么!顶要紧的是眼光,生意做得越大,眼光越要放长远。做小生意的,譬如说,今年天气热得早,看样子这个夏天会很长,早早多进些蒲扇摆在那里,这也是眼光。做大生意的眼光,一定要看大局,你的眼光看得到一省,就能做一省的生意;看得到天下,就能做天下的生意;看得到外国,就能做外国的生意。

笔 记

胡雪岩的"顶要紧的是眼光"这个理念,与其说是个人的独创,不如说是中国历代商人在这方面成功经验的总结。简言之,可以概括为商人的眼光要长远。

所谓的长远应该包括两个方面的内涵:其一,商人要有大局观,就是在做一个生意的时候,不能把眼睛紧紧盯着这个行业本身,而是要总揽自己所有涉足的行业,这样在盈利方面就不会过于计较目前的得失,即使眼下行业损失了一定的利润,如果放眼整个行业,也会从其他方面得到补偿的。例如,胡雪岩最初经营典当行,最重要的目的并不在于盈利,而是在帮助社会过程中能够提高自己整个生意的知名度,这是一种无形的资本和利润。其二,商人眼光要有前瞻性。就是能够在当前市场上没有出现的情况下,及时发现某种行业的潜在价值,加以开发和规划,这样就可以避免一窝蜂似地盲目跟风。例如,胡雪岩在国内商人普遍做传统贸易的情况下,较早涉足地产业,这就是眼光前瞻性的体现。

今天,许多商人抱怨瞬息万变的商业发展现状,往往让他们无所适从,其实,任何时候商业现状都不可能如一潭死水般平静,如何发现好的商机,把握商业发展的脉搏,完全需要商人自己的眼光,而不是等待市场来告诉你。

行动指南

眼光要放长远,要敏锐地发现并开发某些潜力巨大的行业。

星期四
看准时机

> 知其不可为而为之,知其不可赌而赌之,看准时机,倾力出击。

笔 记

胡雪岩常常把做生意比作赌博,在这种赌博式经商理念中提出的"要看准时机,然后毕其功于一役"的观点,非常值得现代商人深思。

首先,胡雪岩的看准时机,并不是一种盲目的蛮干。在胡雪岩看来,"知其不可为而为之,知其不可赌而赌之",这是在告诉商人们在经商方面应该有魄力,要敢于冒险,不能为了求稳而不思进取,墨守成规。一般而言,商业经营本身就是一种冒险行为,低买高卖的行为只能依靠商人自己的眼光和判断能力,无法有其他的保证。如果因为害怕损失而畏首畏尾,当然无法做生意。

其次,胡雪岩的看准时机并不是仅仅停留在一般的冒险层面上,而是要求"倾力出击"致命一击的赌博式经营。谁都明白,没有风险就没有利润,风险越大利润越多的道理,依靠胡雪岩聪明过人的判断能力,把握商业时机还是很有保障的,为此,他在这种冒险经营中采取的是致命一击的方式,通过一次好的商机把握,获取整个商业局面的改观。这大大减少了琐碎经营中带来的诸多不必要的麻烦,有效地控制整个商业局面。

"看准时机,倾力出击",并不是要求企业冒着倾家荡产的风险去把握机会,而是在考虑到失败的后果并不至于导致企业破产的前提下才能倾力出击,否则,经营就是一种纯粹的赌博行为。

行动指南

要看准时机,在他人不敢或者没有想到的情况下,做出致命一击,绝不零打碎敲,迅速控制整个商业局面。

星期五
大勇必有大报

大勇必有大报,要想做大商人,成就大事业,必须要有大勇的魄力,如若不然就只能做点针线头样的小生意。

笔 记

胡雪岩"大勇必有大报"的商业智慧,至今仍然被人津津乐道的莫过于"销洋庄"。所谓的"销洋庄"指的是和洋人做生意,尤其是收购东南江浙地区的生丝出口贸易。虽然在晚清时期,随着东南沿海诸多通商口岸的被迫对外开放,中国沿海城市与洋人通商已经比较常见,但和经济实力雄厚的洋人做生意还是要冒着许多风险的。

胡雪岩在这个时候表现出了巨大的商业智慧。当时做生丝贸易最大的风险在于,内地商人在收购大量生丝之后,需要卖给洋人,但洋人往往通过压低价格的办法来拖垮内地商人,这场生丝贸易的较量就看谁能沉得住气和谁的资本雄厚。胡雪岩个人的经济实力虽然在当时国内已经算是大腕,但和财大气粗的洋人比起来,他的银子只能是小巫见大巫。为此,他冒险用代理湖州公库的银子易货到杭州,脱手变成现银后再交付给藩库,如此一来,自己有限的资金就变成了永远流动着的无限资本,在和洋人生丝贸易大战中获得了充足的底气。

胡雪岩的大勇必有大回报。对于我们现代商人而言,想做大商人,就必须具备大勇的魄力,否则,只求安稳没有风险的生意,固然不乏赚钱的可能,但终其一生都不会成就大事业。

行动指南

在经营中要敢于放手一搏,只顾求稳的生意经营永远不可能成就商业巨子。

第二周

可怕的是丧失信心

危机之时潜在着失败，而真正失败来临的时候，更不要被失败压断脊梁，要坚强地重新站起来，做好重新投入战争的准备，失败并不可怕，可怕的是信心的丧失。

笔　记

胡雪岩最初涉足钱庄生意之时，客观地说，当时的各方面条件对于他都并不十分有利。

一方面，太平天国运动正在全国如火如荼地展开，尤其是东南沿海一带，这里是太平军和清政府战争的主要地区。在如此兵荒马乱、朝不保夕的社会政治局面下，别说开办个钱庄容易引火上身，就连普通生意经营起来也相当困难。另一方面，当时国内开办钱庄生意最有名的莫过于山西的晋商，其不仅实力雄厚，财大气足，声誉在国内也首屈一指，更容易获得人们的信任。

虽然胡雪岩创办阜康钱庄之前仅仅是在钱庄里做过一段时间的学徒，知道钱庄经营的部分情况，这和自己独立开门面显然相差太多。但自信给予了他经营钱庄的勇气和魄力，他相信凭借自己过人的商业经营智慧，完全可以实现从无到有、从弱到强。最终的结果也证实了胡雪岩的自信，是成就他阜康钱庄经营的一大利器。

今天，商人拥有自信并不是什么秘诀，但真正拥有自信的却并不多，相反，自信过头的那种自负的商人却比比皆是，当一个商人不能深刻地理解自信的内涵，而变成一个目空一切而刚愎自用之人的时候，就离他生意失败不远了。

行动指南

即使面对巨大的困难都要拥有成功的自信，但这种自信并不是一种缺乏自知之明的自负。

星期二

突破常规

商业场中,因循守旧,故步自封,只能是死路一条。有争议的人物往往都是能独立判断,敢于打破规矩的俊杰。

笔 记

谁都知道经商中突破常规的重要性,但这种能力并不是一般人容易获得的。胡雪岩在这方面表现出了极大的天赋,很早就奠定了他事业成功的基础。

众所周知,胡雪岩因为私自挪用信和钱庄五百两银子资助王有龄,而被信和钱庄的老板开除。王有龄飞黄腾达之后,为了报答胡雪岩的资助之恩,就主动找到胡雪岩请他出来和自己一起做事。如果胡雪岩答应王有龄的请求,就意味着摆在胡雪岩面前的是一条非常光明的道路,因为凭借王有龄被任命为浙江海运局的肥差,以及他和王有龄的私人情感,胡雪岩一定能够获得很好的前途。但胡雪岩没有接受王有龄的请求,而是想自己独立做生意,开创一片属于自己的天地。

正是这种不遵循常规的思维方式,决定了胡雪岩在经商方面与常人的不同之处,当别人不屑于经营典当的时候,他却在全国开办数十家典当行,当其他商人避让战火不去和政府做生意的时候,他积极主动地承担为政府筹集庞大的饷银的重担。凡此种种,都证明了胡雪岩在经商方面,不因循守旧、墨守成规的经营智慧。

行动指南

敢于突破常规并不等于违背商业发展规律,聪明的商人突破的是一般的常规,而践行的却是智慧者的路子。

星期三

充 与 冲

　　江湖上行事，有时要"充"，不会的也得要大包大揽，满口答应；有时要"冲"，不管做得到做不到，硬做了去。但是，有时既不能充，更不能冲，一要诚实，二要稳健。像此时的情形，充对了，冲过了，未见得好；充不对、冲不过，则误人大事，吃力而不讨好，不智之甚！

笔 记

　　胡雪岩的经商要"充"与"冲"的理念，充满了商业智慧。其要义可以从如下两个方面加以分析：

　　其一，"充"从外表上看是一种伪装，但是，在本质上则是一种商业策略。在商业竞争中，必要的伪装是一种合理的商业策略和促销手段。从商店门面的装饰到资金实力的夸大，都是根据具体商业形势而必须采取的对策。例如，胡雪岩在最初经营阜康钱庄时，无论是名气还是实力都远远不如其他同行，但他却以"充"的经营手段，打开了政府公款存贷的路子，虽然其中有王有龄的功劳，但如果没有这种"充"的手段，就是王有龄把生意送上门，胡雪岩也不敢接手。

　　其二，"冲"不仅是勇敢冒险的精神，更是经营者对整个商业动态发展状况洞悉程度的体现，是商人自信心的表现。一般人以为商人要敢于向前冲，但并不理解"冲"字既不是不计后果的匹夫之勇，更不是只要往前冲就行了。胡雪岩的"冲"字当头是自信心的体现，是他对自己经商能力的高度自信。

　　但遗憾的是，在今天，许多人并没有真正理解胡雪岩的"充"与"冲"的内涵，相反，把它理解为一种商业欺诈和不计后果的赌博经营。这不仅有违胡雪岩商业经营智慧的本质，同时，还给商业经营蒙上了厚厚的污垢。

行动指南

　　在经营手段上，不妨学学撑起门面的豪气，在发展战略上，要具有敢于第一个吃螃蟹的勇气和魄力。

星期四
敢 不 敢

生意场上的胜败就在于你"敢"与"不敢"。

笔 记

　　经商本身就必然承担一定的风险,虽然每个人经商的目的都是为了赚钱,但谁也无法保证做生意就能盈利,相反,能够盈利的毕竟是少数,做生意不亏本就已经算是不错了。从这个意义上说,凡是做生意的人都具有敢于冒风险的胆略,至少都敢于做一件类似于赌博一样的事业。

　　那么,胡雪岩所谓的"敢"与"不敢"究竟有何深意呢?在胡雪岩看来,做生意需要智勇双全,智慧可以帮助人理性地思考,勇敢则可以帮助把聪明的想法变成现实。既然想挣钱,就必须要冒险,这就在考验一个商人的魄力和胆略。只赚不赔的生意是不可能有的,正是对此有了冷静和理性的思考之后,胡雪岩才会说生意场上的胜败就在于敢与不敢。

　　但是,这并不是说做生意成功的秘诀在于胆子大、敢冒险。胡雪岩的敢与不敢是生意经营上的智慧和策略。能够在作出判断后大胆地实施,本身就是经商智慧的体现,只有智者才敢于去冒险,而那种纯粹的莽夫行为,即使胆子再大,也不可能获得生意上的成功,还会因为愚蠢的冒险行为而在商界留下笑柄。

行动指南

　　投资需谨慎,但在投资经营之后,更需要从观念上放弃一味求稳获利的方式。在决策面前,是否敢于去做是决定事业成败得失的关键。

星期五

敢舔刀头上的血

商人重利，只要有利可图，刀头上的血也要舔一舔。没有风险的生意人人会做，这样如何能够出头？越是冒险，越是有大笔的利润可以赚进。

笔 记

古人常说，谋事在人，成事在天。虽然这话在今天看来多少有点宿命论的思想，但其强调人的主动性和积极性的基本理念，还是非常值得今人学习的。胡雪岩的经商智慧告诉我们，一个商人想取得事业的成功，不仅要主动地谋事，还要敢于在有利可图的时候，舔一舔刀头上的血。

那么，胡雪岩的刀头舔血究竟具有怎样的含义呢？我们不妨通过不敢刀头舔血而最终失败的理念来反面验证。曾国藩曾说，凡事都要敢于抗争，如果在生死关头，一个人更多地患得患失、优柔寡断，那么，这个人是注定不可能成功的。这种思想在他著名的《杂著》中被总结为：古代大失败者根本原因就在于一个"从"字。曾国藩所谓不能成大事的"从"字，从根本上说，就是胡雪岩极力反对的缺乏魄力，不敢刀头舔血。

胡雪岩和洋人做生丝贸易，就是冒着巨大的风险。虽然他在最后时刻功败垂成，但这并不影响他敢于冒险的精神性。从商业经营的本质上说，敢于刀头舔血不仅有着胡雪岩个人性格中不服输的因素，更有他对商业经营必须冒风险的理性认识，如果仅仅出于个人性格中的争强好胜，那么，这种行为与强盗又有何异呢？所以，现代商人在理解胡雪岩刀头舔血经商理念的时候，绝不应该将之归结于胡雪岩个人性格的好强，更不应该理解为孤注一掷的赌博行为，否则，胡雪岩的经商智慧只能成为误导今人的陷阱。

行动指南

在内心树立经商必然冒险的观念，而且，在巨大的风险面前绝不手软。

星期一

敢当领头羊

凡事就是起头难,有人领头,大家就跟着来了。做洋庄的那些人,生意不动,就得吃老本,心里何尝不想做? 只是胆子小,不敢动。现在我们想个风险不大的办法出来,让大家跟着我们走。

笔　记

胡雪岩想做领头羊有着多重的原因,一方面,胡雪岩的个性好胜,从不甘心一辈子默默无闻。他在信和钱庄做学徒资助王有龄被开除后,信和钱庄的老板曾再次找他回来,但是胡雪岩拒绝了。这并不是因为胡雪岩记恨钱庄老板当初驱逐他,而是考虑到自己在信和钱庄无论如何发展都不过是一个"中层干部",永远当不了"一把手"。按照他的个性,做人应该建立自己的事业,信和钱庄显然不适合,所以,他还是坚持创办自己的钱庄,终于功成名就。

另一方面,他敢当领头羊并不是出于个人显摆炫耀,而是为了所有商人们的利益。由于人性中本能的畏惧心理,再加上枪打出头鸟的传统,所有商人在巨大的利益面前往往因为畏惧之心而不敢和洋人竞争,胡雪岩为此非常痛心,在他看来,只要有人站出来振臂一呼,就可以实现应者云集。正是在这个情况下,胡雪岩更加坚定了做领头羊的决心。

今天,当无数的光环和荣耀被奖赏给商业领头羊的时候,领头羊已经越来越背离了为商人集体谋利益的宗旨,往往沦为为自己企业谋私利。这不得不让我们对胡雪岩敢做领头羊的精神而感动。

行动指南

不仅要敢于争做领头羊,更要把为商人集体谋取利润作为主要目的。

星期二
立志在我

立志在我，成事在人。

这两句话，确是见道之言。成语所说"谋事在人，成事在天"，自己做不得自己的主，算得了什么好汉？像你这样就对了！先患不立志，后患不得人！

笔　记

中国古语云，"有志者立长志，无志者常立志"。可见，一个人是否拥有志向，以及如何立志直接关系到事业成败。

胡雪岩是一个从小就有远大志向的人，在他正式踏入商界之后，一直坚持着自己的远大理想。不仅在国内商业贸易中取得了领头的地位，还通过生丝贸易和洋人做起了贸易。在他最初经营生丝生意，经营的地区主要是杭州、湖州和上海三个城市，这是中国东南地区乃全全国生丝贸易的核心，在控制了这三个地区的生丝贸易之后，他进而开始联合江、浙、沪三地的商人，组建了中国晚清历史上少见的商业同盟，不仅集中了集体的智慧，而且有效地积累了与洋人叫板的资本。为此，他在和洋人的第一笔生丝贸易战中，就赚下了十八万两白银。如果没有远大的志向，满足于小富即安，胡雪岩再聪明都无法获得后来的成就。

今天，大凡涉足商业的人都不乏远大的志向，无不梦想取得比尔·盖茨一样辉煌的事业，但现实情况则是能够取得比尔·盖茨成就的只有他一个人。这就意味着商业成功需要立志，但立志并不代表经商就一定成功，而只是一盏照亮商人向远大事业发展的明灯，最终能否登上事业的巅峰，还需要沿着远大的志向付出相应的努力。

行动指南

不仅要拥有远大的志向，还应该坚持不懈为之奋斗，否则，志向越大，就越成为事业前进中的障碍。

星期三
虽败不倒

人生在世,不为利,就为名,做生意也是一样,冒险值得不值得,就看你两样当中能不能占一样? 我们做生意,不管是啥,都是这个宗旨,万一失手,有话好说。这样子,别人能够原谅你,就还有从头来起的机会,虽败不倒!

笔 记

世上没有常胜将军,做生意也一样,再聪明的商人也不能保证自己永远一帆风顺。那么,我们应该如何看待失败? 胡雪岩的"虽败不倒"给我们提供了一个非常好的答案。

首先,做生意本身就是一种为了名利的冒险活动,失败是正常的。在胡雪岩看来,做生意的目的只有两个,名和利。无论为了其中任何一个目的,都需要冒险。虽然胡雪岩非常自信,敢于冒险,但是,他对于失败有着非常理性的心理准备,这就避免了他在经营遇到危机之时自乱阵脚的后果。

其次,一个商人失败是正常的,但不能因为失败就彻底放弃做生意的信心,即使像胡雪岩这样极其聪明的商人,也遭遇过钱庄挤兑的危机,但他从来没有因为失败而彻底放弃经营的信心和底气。胡雪岩最终成为了政治斗争的牺牲品,即使在他已经身无分文的时候,仍然表现出了虽败不倒的形象,这和当下许多商人一旦投资失败,要么诅咒社会不公,要么要死要活自杀寻死表现出来的懦弱无能相比,确实值得后人反思。

行动指南

要对经营成败有充分的思想准备,不要顾忌他人对于自己失败的看法,只要坚持做生意的宗旨,就有从头再来的机会。

星期四

大胆去闯

我说的闯，是遇到难关，壮起胆子来闯。越怕越误事，索性大胆去闯，反倒没事。

笔 记

世界著名的雀巢公司曾用这样一句话来激励自己的员工："不冒风险是最大的风险。"这里的冒险就是胡雪岩经商中的大胆去闯。

商机往往青睐大胆去闯的人，敢闯也是商人必备的商业素质。胡雪岩在事业的起步阶段，以敢闯的商业精神不断壮大事业，后来又扩展到军火、丝业、药业、典当业等，虽然每一次都面临着巨大的风险，但是他总能够顺利过关。

胡雪岩如何成功地闯呢？他的每一次冒险都不是盲目的，他胆大心细，能看出别人看不见的机会，能掌握别人不敢要、不敢做的变量，预先尽可能地谋划好，把所要承担的风险值设定在最低限度之内，这样即使失败也不会伤及根本，如生命、信誉等。不伤及根本，虽败不倒，还有东山再起的可能。

行动指南

要借鉴胡雪岩敢于闯的经商理念，做到遇到难题不怕事、不躲事，要直面危机。

星期五

长线放远鹞

我们要商量的是，长线放远鹞，看到三五年以后，大局一定，怎么样能够飞黄腾达，一下子蹿了起来。

笔 记

　　放长线钓大鱼，这是流传数千年的老话。就商业而言，往往表现为商人们牺牲眼前利益，以此获得更多的长远利益。胡雪岩可谓深谙此道。

　　一般人都知道，胡雪岩兴办义渡就是放长线钓大鱼。在解决当地人日常生活困难的同时，还能给自己赢得善人的好名声，便于自己在经营中获得社会的信任。而比兴办义渡更具有长远性的投资是为政府垫付银两。浙江收复之后，胡雪岩曾面见左宗棠，告诉他已经购置了粮食万石，运抵杭州。左宗棠告诉胡雪岩政府财政亏空严重，用来采购的粮食费用很难立即兑现，需要拖欠很长时间。胡雪岩则表示，自己帮助政府购买粮食垫付的十万两银子，全部报效朝廷，不需要政府偿还一分。这不仅让左宗棠大为吃惊，就连清政府也十分震惊。为此，朝廷对胡雪岩大加褒奖，从此，胡雪岩在社会上被公认为"胡大善人"。这为胡雪岩此后商业经营奠定了极好的信誉，而这种信任是花多少银子都无法买到的。

行动指南

　　放眼长远需要商人对社会具有准确的预见性和判断力，只有判断正确，长远的投资才能够有所回报。

第四周

星 期 一
魄力与细心

有魄力的人,粗枝大叶;心细的人,手面放不开。

笔 记

　　胡雪岩虽以敢于冒险著称,但在做生意的具体行事上却非常慎重,俗话说:"小心驶得万年船。"他每一次的选择和决策都是经过一番衡量和考虑的。不过他也不是神人,无法准确预知生意的成败,特别是当生意维系在一个自己无法控制的事件上时,所以即使他慎重地把宝押在湘军这边,在杭州大战时他也显得很紧张,后来竟然奋不顾身,直奔前线而去,想自己看个究竟。尽管成祥大喊前面危险,仍然阻止不了胡雪岩。这个战役,湘军大捷,胡雪岩也因此大赚一笔。

　　胡雪岩的为商之道就是:魄力和细心要结合起来,不可偏废。现代的生意人也应当铭记这条原则,不要因为之前的成功就盲目自信。曾有一家企业原先经营得非常之好,企业的管理者也有些飘飘然,后来遇到一笔高于市场价格的大生意,他没有像以往那样派人仔细考察和了解,没有经过慎重考虑,就草草地签了约,结果被骗,骗子携款潜逃,公司濒临倒闭。

　　对于一个涉入商界不久的经营者来说,想要自己的事业稳步前进,那么就一定要谨慎对待每一次的生意,魄力与细心似乎存在矛盾,事实并非如此。当然,过于细心也是要不得的,因为那样可能会贻误转瞬即逝的商机。

行动指南

　　慎重对待每一次生意,但也要有魄力,及时做出正确决策。

星期二
当机立断

做事最怕缚手缚脚,不管合作也好,竞争也好,贵乎消息灵通,当机立断。

笔 记

一次,苏晃(柳成祥的小舅子)为太平军采购粮食,冒险进杭州城,目的是要求姐夫(即柳成祥)帮他代购一批粮食,保证比原价多出三成,全部收购。柳成祥接到订单将信将疑犹豫不定。当时,胡雪岩在茶馆收集各种商业情报,后来和妻子聊天,妻子无意的一句"米市都空了,官兵、太平军全都扮成老百姓的样子抢着买米,谁还敢把米往街上摆?"马上引发了他做粮食生意的雄心大志。正好又得知成祥得到了苏晃的订单和保证价格,虽然担心风险很大,但他毅然地决定把他和成祥的房子抵押贷款,到浙东收购粮食。

对于竞争如战场的商场来说,只要有利润可图,商人们必定会不惜一切,胡雪岩抢在其他商人出手之前就做出决断并且迅速购进粮食,这就为他赢得利润奠定了坚实的基础。

当下社会已经进入信息全球化时代,这既可以为商人在第一时间获得商业信息提供便利,同时,也激化了商人之间更加激烈的竞争。在这种情况下,是否具备当机立断的素质,已经成为生意经营成功的基石。

行动指南

在及时获得商业信息的情况下,要及时作出决断,不可延误商机。

星期三
敢想敢干

发财一要抓住机会,二要敢想敢干。

笔 记

杭州大战时,胡雪岩把全部财产投在左宗棠创办的常捷军上面,他十分慎重,紧张得连水都喝不下。他要自己的亲信阿宝去打听前线的消息,合伙人柳成祥则担心万一攻不下杭州城就血本无归。胡雪岩一方面说这次赌的是我们两家的身家性命,一方面则坚定地说:第一次做生意不能败。

胡雪岩这次赌博式的投资以成功告终。这次成功的经验,最重要的一点就是胡雪岩敢想敢做。一方面,他能够根据当前战争形势,及时想到下一步如何经营;另一方面,他在面临巨大风险的情况下,敢于出手投资,这是从想法到行动迈出的关键一步。胡雪岩的敢做并不是一般意义上的经营,而是在决定成败全局的关键时刻,给予竞争对手致命一击。唯其如此,这种赌博式的经营才具有现实的意义。

今天,敢想敢做对于所有商人而言,都不是一件什么特殊的事情。但能够做到的寥寥无几。这尤其需要我们深入反思胡雪岩敢想敢做的商业智慧。

行动指南

要在不利局面下敢于想到哪些地方存在商机的可能,要在做出冷静分析后,敢于去做。

星期四
眼光是第一

做生意要靠眼光、手腕、精神力气。

笔 记

胡雪岩是一个有眼光、有智慧又有勇气之人。当年,胡雪岩和柳成祥都得到粮食紧俏的消息,可两人做出的决定却大不相同。柳成祥不以为意,胡雪岩却立即决定由此入手开始创业。同样一个市场,同样一堆信息,同样一些数据,每个人的判断和反应都不相同。所以每个人所做出的决策也不一样,但每个人所做的决定,会影响到他未来的发展。胡雪岩和柳成祥两个人对粮食市场的反应,代表他们两个人不同的性格,也带来了两个人不一样的命运。

从最初的粮食生意起家,到后来的钱庄、军火和生丝生意,胡雪岩无不表现出其独到的商业眼光、非凡的智慧和敢为人先的胆量。

行动指南

在经营实践中培养自己的眼光、智慧和胆量。

星期五
借 东 风

做生意就像行船一样,有了东风就更要好行船。

笔 记

胡雪岩以行船比喻做生意,可谓形象恰当到了极点。的确,做生意如果没有外来力量的帮助,仅仅凭借个人的单打独斗,就要勤奋努力,虽然也能有所收获,但绝不会收获太多。

胡雪岩是一个擅长借东风的聪明商人。综观胡雪岩经商的一生,他借的东风遍及社会各个层面:

一是巧借政府的力量。他多次主动筹集善款,帮助政府筹集军饷,与一般商人帮助政府垫付粮饷不同的是,胡雪岩这样做在追求利润的同时,还能够慷慨大度,主动放弃政府偿还。这为他获得了经商所必需的政府支持。

二是借助商人同盟的力量。胡雪岩善于借助整个商人团体的力量,堪称他经商的一绝。一般商人只要自己羽翼丰满,往往撇开同行,只顾自己发展,胡雪岩却总是喜欢拉扯一大帮难兄难弟,让他们也获得一定的利润。虽然个人损失了一定的利润,但获得了同行的赞誉,确立了自己在整个商界的领导地位。

三是借助民间社会的力量。胡雪岩开办的典当行与药店都是直接关系到民生的行当,既获得了商人渴望的利润,同时也赢得了民众的尊敬。从商业营销的角度上说,胡雪岩获得了民间的支持无异于最大限度地开发了消费群体。

"好风凭借力,送我上青云。"能够借助东风,大大有助于商业成功,能够在没有东风的情况下,创造出东风,则是胡雪岩成功的一大秘诀。

行动指南

做生意要善于借助外界的力量,为此,商人要善于发现和创造能够对自己发展有利的东风。

六月

创 新

第一周

以变应变

天变了,人应变。

笔 记

古语云:树挪死,人挪活。当外在客观情况发生了变化,而人仍然一味坚持最初的想法和做法,那么就很难适应当前形势,失败就不可避免了。所以,做生意应该以变应变,绝不能因循守旧、墨守成规。

胡雪岩对影响商业发展的时局形势有着非常清醒的认识,认为自己的个体经营虽然看起来与整个国家局势无关,但两者实际上有着内在的联系。例如他在经营钱庄期间,大力从逃亡的太平军士兵处吸收存款,这为当时许多人所不理解。因为当时清政府和太平军正在激战,钱庄吸收其中一方的钱财,必然承担一定的风险。在胡雪岩看来,太平军必将被清军击溃,这是整个社会历史发展不可逆转的大趋势。事实证明胡雪岩对时局的判断是准确的,随着太平军被清政府彻底镇压下去,国内局势很快得到控制,商业市场又恢复了平静。当同行们重新开始向社会吸收存款的时候,胡雪岩已经通过向太平军士兵吸收存款的工作,完成了对社会最基础消费群体的开发。所以,在战争初期实力尚很一般的阜康钱庄,在战后迅速壮大,成为东南地区乃至全国都首屈一指的大钱庄。

今天,社会发展更加迅猛,一个商人想准确地判断社会发展的局势,固然更加困难,但至少应该对社会和金融市场外在环境有个总体的了解。

行动指南

不要把经商看做与外在社会局势无关的事情,聪明的商人能够根据社会发展趋势制定发展规划,时局改变,商业经营的具体策略也相应调整。

星期二
机变与权变

"机变与权变交互",就是要有充分、高度的灵活性、变通性。

笔　记

　　胡雪岩在经商中体现出高度的灵活性和变通性。他在湖州开办大经丝行后不久,就立即吩咐手下人对穷人施舍药品、茶水救济。在大经丝行门口摆上一座木架子,木架子上放了两口可以装一担水的大茶缸,茶缸里备满加了清火败毒药料的茶水,路人可以随意饮用。另外,在门口贴上一张告示,告诉所有市民该丝行敬送辟瘟丹、诸葛行军散等药品,病人可以任意索取。此举一出,大经丝行门前立刻人满为患,前来取药与喝茶的人无数,手下人担心影响做生意,以及为此耗费的成本太大,于是提议胡雪岩停止赈济活动,但胡雪岩坚持做了下去。事实证明,此举并没有耗用掉胡雪岩太多的银子,反而为他的生丝贸易获得了巨大的声誉,使得他顺利地进军当地生丝收购市场。

　　从表面上看,胡雪岩此举不过是一个寻常的赈济活动,但深层上,则体现了他机变与权变交互的思想。因为当时正值夏末秋初,当地疾病层出,虽然他在湖州经营的是丝行而不是药店,原本没必要以药品赈济,但他的胡庆余堂早已在全国声名远播,通过药品赈济可以改变他在丝行默默无闻的地位,大大提高他进军丝织行业的知名度和信任度。最终的事实也证明了他如此做法完全获得了理想的效果。

行动指南

　　要充分借鉴胡雪岩的"机变与权变交互"的商业智慧,打破陈规,依据客观情况的变化灵活对待。

星期三
八个坛子七个盖

八个坛子七个盖，盖来盖去不穿帮，就是会做生意。

笔 记

许多人在总结胡雪岩经商智慧的时候，往往得到的一个重要启示就是他的"八个坛子七个盖"。其要义可以从如下来表述：

一是胡雪岩善于营造声势，用不同的盖子掩盖自身经营中的弱点。胡雪岩白手起家，面对的则是早已经在江湖中拥有一席之地的对手。例如在钱庄经营上，就要面对实力最强劲的晋商，如何弥补自己刚出道名气不大、实力不强、客户有限的缺陷呢？这是摆在胡雪岩面前非常现实的问题。为此，他借助政府这个"大盖子"来壮大自己的实力，让同行在竞争中对自己不敢轻举妄动，以此在社会中树立了令人信服的良好形象，乃至地方豪绅大户纷纷把钱存到他的钱庄。

二是胡雪岩对于商业经营中的各种手段和策略了然于心。他深知做生意有做生意的规则，仅仅按照生活中的行为习惯是很难有所作为的，在许多紧急情况下，必须兵行险招，才能出奇制胜。例如胡雪岩在和洋人的生丝贸易大战中，就采用了实则虚之、虚则实之的经商策略，动用各种手段和技巧，在这场事关自己生死存亡的贸易战中获得了最后的胜利。

有人狭隘地把胡雪岩的这种"八个坛子七个盖"的理念看做一种商业欺诈，其实不然，胡雪岩使用这些手段并没有背离社会道德的底线，尤其是没有通过欺诈的方式榨取顾客的利益，这与现代许多商人欺上瞒下、坑蒙拐骗的商业经营手段是有着本质区别的。

行动指南

在经营中要善于借助各种力量掩盖自身企业的不足和缺陷，把企业最强大的一面展示给顾客。

星期四
变化中找机会

"用兵之妙,存乎一心!"做生意跟带兵打仗的道理是差不多的,除了看人行事,看事说话,随机应变之外,还要从变化中找出机会来!那才是一等一的本事。

笔　记

胡雪岩在经商中表现出来的随机应变的本领可谓一绝。例如,他最初开始做粮食生意,到浙东收购大米,米价从九钱一担涨到一两一钱一担。胡雪岩所带的银子有限,根本买不了多少。他毅然决定,把已买到的米原价出售,以平抑米价。消息立即传播开来,导致整个米市都受到影响,不得不降价求售。胡雪岩十分冷静,并没有在市价下降时马上抢购。而是采取一边抛售,一边购入的策略,待米价持续下降,再悉数购回所需的米粮。手下人十分担心,害怕这样做很可能血本无归,但最终事实证明了胡雪岩这样做是成功的。

胡雪岩能够打破常规先购买后抛售的方式,灵活机动地根据市场行情变化而临时改变经营策略,不仅挽救了自己可能承担的巨大损失,还借此机会狠狠地赚了一大笔银子。这完全得益于他经商注重"变化中找机会"的思想。现代商人面对的市场行情比胡雪岩时代更为复杂和疾速,就更应该具备这种变化中找机会的经营能力。

行动指南

培养自己面对突发情况的应变能力,尤其是提高自己在现实情况发生巨大改变的情况下,捕捉新的商机的能力。

星期五
不软不硬

话太软了不好,硬了也不好。软了,当我怕他们,硬了又怕他心里有顾忌,不敢答应,或者索性出首。

笔 记

商业交际态度是一门艺术。究竟采用何种商业交际态度才算得上得体,胡雪岩的成功经验可以为我们提供重要的启示。

面对客户或者竞争对手,并不是说话越客气越好。因为人是一种极其复杂的动物,虽然希望他人对待自己客气,尊敬自己,但当对方特别尊重自己的时候,往往又会认为对方过于软弱,而对其不加以尊重。这就是民间所谓的"人善有人欺"的根本原因。胡雪岩要求店员对顾客的服务必须周到,但始终坚持一个底线就是尊重而不低贱,周到而不繁琐。所有到过他店里的顾客都会对服务质量感到满意,又不会内心排斥、反感。

对人该强硬的时候就必须强硬起来。胡雪岩在竞争中从不仗势欺人,为此他赢得了广大同行的尊重,但对于部分刁蛮得无法用真诚感动的竞争对手,他也从不手软,通过强大的经济实力和政治靠山加以震慑,使之不敢轻举妄动。

行动指南

面对不同的竞争对手,应该表现出不同的软硬手段,谦虚和强硬都只能在特定的情况下才具有意义。

第二周

星期一

调　度

我们的生意一定要做得活络，移东补西不穿帮，就是本事。你要晓得，所谓"调度"，调就是调动，度就是预算，预算什么时候有款子进来，预先拿它调动一下，这样做生意，就比人家走在前面了。

笔　记

做生意需要资金本钱来维持，在激烈的竞争中，谁拥有的资本越多，谁就越能够掌握主动权。但在现实中，即使经济实力再雄厚的商人，都无法避免资金不足的情况。于是，如何利用有限的资金去周转盘活整个生意，就成为衡量商人调度能力的重要标准。

所谓的调度，在胡雪岩看来就是调动有限的资金，根据当前经营情况加以重新划拨使用，既能够应对当前的燃眉之急，同时又不耽误原计划中资金的使用。胡雪岩在做生丝销洋庄生意之时，就遇到了资金严重不足的情况，为此，他在发动同行联合起来筹集资金帮助自己的同时，还紧急调度自己所有经营行业中的资金使用，着手从典当行中抽调了几乎所有的资金补充生丝贸易。由于典当行的档手挪用了大量的资金，导致典当行亏空严重，在这种紧急情况下，又把最初用于生丝贸易的资金进行了重新调度。通过这种灵活调度，终于盘活了整个生丝贸易中资金严重不足的局面，在这场决定自己事业命运的关键贸易战中最终胜出。

今天，如何调度有限的资金已经成为衡量商人应变能力的重要指标，许多商人都把最大限度地利用最有限的资金看做经营成功的捷径，在这个意义上，深刻反思胡雪岩经商中的调度理念，还是具有现实意义的。

要善于培养调度能力,实现资金利用的最优化,仅仅依靠庞大的资金来做生意的商人,并不是最聪明的人。

星期二
通、活、融

胡雪岩的圆融处世,能使各方都感觉满意,感到没有羁绊,这主要是胡雪岩的处世态度,既通,且活,又融。通是权与变,活是趋向目标,融是状态,三者合一,就能达到追求目标——圆满。

笔 记

胡雪岩做人耿直,但是做事却圆融万分。深受胡雪岩赏识的嵇鹤龄足智多谋,一向恃才傲物不向权贵低头。一次,嵇鹤龄的顶头上司黄抚台手下向嵇鹤龄索要两千两白银,遭到嵇鹤龄的拒绝,为此得罪了黄抚台。而嵇鹤龄却坚持认为自己毫无过错,胡雪岩得知此事之后,立刻掏出两千两白银以嵇鹤龄的名义送给了黄抚台手下人。第二天黄抚台就任命嵇鹤龄接管海运局的肥差。

胡雪岩在处理嵇鹤龄一事中表现出了高度的圆融处世哲学。一般商人固然会帮助嵇鹤龄送银子,但不会像胡雪岩这样不说一声,这对于性格孤僻刚直的嵇鹤龄而言,必然对胡雪岩感恩戴德。这正是胡雪岩的高明之处。

现代商人无不知道商场如官场,万事皆走一个"圆"字,但能够真正做到通、活、融三者合一的并不多见。这既是许多商人事业失败的原因,也是优秀商人成功的一大奥秘。

行动指南

圆融处世,要学会变通、灵活、圆融三者合一。

星期三
故弄玄虚

既要让潜在的顾客知道，又要让他不知道，或者说，为了让他知道，就要故意让他不知道。

笔　记

在生活中做人切忌故弄玄虚，但在商业上，这就是一种聪明的商业策略和手段。其中的要义在于如下两个方面：

一是经商需要避实就虚。从理论上说，商家出售商品只要标明一个合适的价格，等待需要的顾客前来购买即可。在现实中，如何最大限度地开发潜在的顾客资源，以及把那些有购买需求的顾客都吸引到自己的商店里来，则是决定赢利成败的关键环节。为此，就必须制造出一种产品供不应求即将脱销的声势，吸引顾客不再犹豫。这就是为什么做生意不能实话实说而需要故弄玄虚的重要原因。胡雪岩在钱庄经营上就常常采用这个策略，开业之初就邀请当地所有政府大员前来参加，给人一种财大气粗的印象，然后主动笼络当地豪绅家的小姐太太，让她们前来存款，这样就制造了一种声势浩大的架势，大大掩盖了其家底薄的缺陷。

二是经商要考虑到顾客的心理。顾客购买商品并不仅仅出于现实需要，很多人是因为看见别人购买也有了跟风的心理。胡雪岩在经营药店时为了吸引顾客的兴趣，他在药店后院里专门购买了许多制药的材料，让顾客亲眼看到制药所用材料都是货真价实的。其实，从制药过程来说，再好的材料也只能是使用其中很少的一部分，把大量的药材都展示给顾客，就是刻意给顾客制造一种满意的心理。

当然，胡雪岩的故弄玄虚与刻意欺骗有着本质的不同，当下许多商家的故弄玄虚往往是一种作秀和炒作，在本质上是一种欺诈的不法经营，而胡雪岩是在"戒欺"的前提条件下进行的商业经营促销手段，两者天壤之别。

行动指南

要深入了解消费者的购买心理，通过多种手段激起消费者购买的好奇心和欲望。

星期四

计计相连，环环相扣

商场用计，要计计相连，环环相扣，滴水不漏，方能有效。

笔 记

　　胡雪岩在商场用计往往环环相扣，令对手防不胜防。胡雪岩在被信和钱庄开除后，终于等到王有龄飞黄腾达被任命负责浙江海运局的肥差，两个人联手做起了漕运粮食生意，几年下来手中积攒了一大笔银子。胡雪岩想用这笔本钱去经营钱庄，但仅仅靠这点本钱开钱庄显然是不够的，而且，开办钱庄还需要一个精通钱庄经营管理的人才。为此，胡雪岩先找到自己的老东家信和钱庄，信和的老板害怕胡雪岩回来报仇，主动提出让出钱庄百分之十的股份给胡雪岩，胡雪岩借机帮助信和钱庄赢得了一笔海运局七十万两白银的存款。但信和老板只顾赢利大量放贷，导致海运局在提现时候严重亏空，信和钱庄面临倒闭危险。胡雪岩趁机提出让信和出让大部分股份给王有龄，如此一来，胡雪岩不仅控制了信和钱庄的股份，而且还得到了信和老板这个人才，整个计策体现了环环相扣、计计相连的智慧。

　　今天，商场竞争对手之间的尔虞我诈已经成为常态，为了击败竞争对手，商人不惜使用连环计，但是，胡雪岩与之比较起来，并不是丧心病狂地以吃掉对方为目的，他并不是出于报复之心而吃掉信和钱庄，而是让自己成为信和钱庄最大的股东，原来的老板依然可以自行经营，这就与今天许多商人把对手逼得毫无退路是完全不同的。因此，环环相扣是商业大智慧的体现，绝不是狠毒残酷的阴谋诡计。

行动指南

　　在制定企业发展战略上，要考虑到计策手段的连续性和环环相扣性，让对手防不胜防。

星期五
拿出真东西

戏法总是假的，偶尔变一两套可以，变多了就不值钱了，值钱的还是有真东西拿出来。

笔　记

做生意的手段如同变戏法，聪明的商人能够在不可思议的情况下，以变戏法一样的手段拯救整个局势，力挽狂澜于不倒。为此，许多人特别崇尚那些在经营手段上层出不穷的商人。其实，任何事情一旦做过了头，即使是正确的事情也会变得非常可笑而荒谬。对于商业手段的使用也是如此。

再好的商业经营手段和策略都注定是一种外在的形式，商人出售商品需要以质量取胜，货真价实才是商人成功的第一秘诀。胡雪岩在经营药品时，追求"真不二价"，这为他赢得了巨大的声誉，也奠定了他此后经商中讲究信誉的基础。胡雪岩在经商方面宁愿损失部分利润，也不违背做生意的道德底线。这才是我们对变戏法式的商业经营手段应该持有的正确态度。

行动指南

任何花哨的经营手段都不可能永远欺骗顾客，想做成功的商人，就必须从货真价实上下工夫。

第三周

星期一

软硬兼施

在使用某一手法、谋略时要运用两面手法,相辅相成,做到软硬兼施,恩威并举。一定要两手兼用,不能一手不用,一手用。

笔 记

胡雪岩一生涉足的行业非常多,但是,最具有传奇色彩的莫过于他的阜康钱庄。其成功地创办钱庄的经验有许多,其中一个非常重要的方面就是通过软硬兼施的手段兼并了信和钱庄,为自己积累了原始资本。信和钱庄老板因为贪图发放贷款的利润,把浙江海运局的七十万两银子花得一干二净,当海运局前来提现时无法应对,面临店面倒闭的危险。胡雪岩先劝说信和老板放弃一半的股份给王有龄,以此应对燃眉之急。当这个建议被拒绝后,胡雪岩立即强硬地抬出曾国藩正在征集军饷镇压太平军,如果违抗或耽误了军机大事,别说钱庄倒闭,即使老板的身家性命也不能自保。如此软硬兼施,吓得老板自然答应让出钱庄大部分股份,胡雪岩从此踏上了钱庄生意的大道。

当然,胡雪岩的软硬兼施,多少有点落井下石的味道,但是,他毕竟在兼并信和钱庄过程中给原来老板留了一条后路,让他继续经营自己的信和以维持生计。从这个意义上说,我们还是应该吸取胡雪岩经商中软硬兼施的智慧,而不是简单的大鱼吃小鱼的兼并。

行动指南

对待商业竞争对手要软硬两手进行,不可过于软弱让对手鄙视,也不可过于强硬而不尊重对手。

星期二
变　通

　　店规不是死板板的。有些事不可通融,有些事却要改良。所谓变通,变则可通,通则可久,事物总是在随着时势发展的不断地变革之中获得不衰的生机。

笔·记

　　在许多商人眼里,能否严格遵循店里规定做事,成为衡量一个人是否称职的重要标准。但也有例外。

　　胡雪岩在信和钱庄最初是非常遵守店里规矩的,不仅认认真真地完成了自己应该做的工作,还因为表现突出而得到提升,但是,他后来却因为违背了钱庄的规矩私自挪用五百两银子给王有龄而被开除,这样的举动在老板眼里是绝对不能容忍的。但是,恰恰是胡雪岩违背店规的这样一个举动,不仅成就了王有龄的事业,还建立了自己商业辉煌的基础。遗憾的是,当时的信和老板远远没有意识到店规既然可以由人来制定,同样也可以由人来打破这一道理。这不仅让他失去了一个难得的商业天才,同时还为日后信和钱庄被胡雪岩收购埋下了祸根。

　　当然,打破店里的常规并不等于凡事不按照规矩做就是创新,这要根据客观情况具体决定。胡雪岩是在做出冷静分析的情况下才做出打破常规的决定的,否则,这种变通只能是一种没有原则的违背商业经营规律的狂妄行为。

行动指南

　　不但要善于制定严密的发展规划,而且能够根据事态发展做出相应的改变。

星期三
丢脸丢给自己人

与其便宜洋商，不如便宜自己人！向庞二去开口，当然是件失面子的事，然而，这是同样的道理，与其丢面子丢给洋人，倒不如丢给自己人。

笔　记

胡雪岩与洋人在生丝贸易上的大战，成为他一生事业的转折点。与其说他最终不敌外来资本而失败，不如说是晚清政府不敌列强。因此，胡雪岩与洋人的经济贸易，并不是纯粹的商业活动，其中蕴含着极其复杂的民族、政治、主权等矛盾。

胡雪岩与洋人的生丝贸易遭遇到的一大问题就是资金短缺。当时胡雪岩收购了大量的生丝准备销售给洋人，但是，洋人依靠强大的经济实力，拼命地压低价格进行收购，胡雪岩如果将生丝按照洋人愿意出的价格抛售，则会损失惨重，如果不出售，将面临资金长期积压无法周转的危险。为此，胡雪岩积极联络同行，尤其是江浙一带具有民族爱国心的商人，恳请大家联合起来共同对付洋人。这样一来，胡雪岩不得不降低身价向同行求助，而当时胡雪岩是一个非常有身份的人，在国内商界的地位可谓首屈一指，他这样的做法让手下人非常不解，认为有辱胡氏商业集团的名声。但是，胡雪岩却从民族大义的立场上来看待这次贸易，认为向国内同行求援虽然丢面子，但相比败给外国人，这样做还是值得的。

胡雪岩不过是晚清的一个商人，虽家财万贯但处处以民族大义为重，反观当时清政府的投降卖国，以及部分商人唯利是图毫无国格尊严的行为，我们不得不钦佩胡雪岩丢脸丢给自己人的崇高。

行动指南

在事关民族尊严的商业贸易面前，应该以民族大义为重，放下架子，联合同行共同抵御外敌。

星期四

内外兼顾

讲内部管理,要看实际情形而定;谈到外面的发展,也要先了解了解市面。

笔 记

　　每个商人在激烈的商业竞争中,首先面对的是竞争对手的挑战以及变幻莫测的市场行情,而能否顺利地解决这些问题,是衡量一个商人能力的重要标尺,如果把影响商业成功的因素分成内在和外在两个层面的话,那么,这些都是影响商人事业成功的外在因素。一个优秀的商人往往能够准确地预测市场行情,对商业发展趋势加以理性的分析和判断,进而制定严密科学的发展规划,实现战胜对手的目的。胡雪岩对影响经商成功的外在因素表现出卓越的能力,他擅长对市面行情的发展动向做出准确的判断。

　　不仅如此,胡雪岩在内部管理上也表现出了极其卓越的领导能力,他在内部管理上有两个重要的举措:其一是促进内部各个行业服务质量的提升,要求把顾客当作亲人一样对待。其二是提高商品质量,做到货真价实,以质量取胜。这种注重修内功的举措大大提高了他的竞争力,为他事业的成功打下了坚实的基础。

　　现代商人也能意识到内外兼修的重要性,但是在实践中要么内部管理上去了而忽视了外在市面,要么把精力全部用在市面行情上而不提高内部质量。而两者偏废其一,都不可能获得最后的成功。

行动指南

　　兼顾内外,要以提高内部管理作为发展的硬件,以洞察市场行情作为发展的软件,两者兼备,才能成就大事业。

星期五
是非利害

做事不能只讲感情,要讲是非利害。

笔 记

胡雪岩可以在他人危难之时,冒着危险慷慨助人,其重视感情被后人津津乐道。但是,如果以此认为他只讲情感不讲是非利害,那就无法切近胡雪岩为人的本质。

胡雪岩首先是个商人,这就决定了他做事的出发点是商人的功利,而并非拿钱打水漂,所以,即使他的慷慨大方,都是有一定的功利目的。例如,他挪用钱庄公款资助王有龄,其中潜藏着他赌博式的经商哲学,既然想做一番大事业,就必须冒一定的风险。为此,他把宝押在王有龄的成功复出上面,果然,损失了一个钱庄混饭吃的饭碗,却得到了一代巨商的伟大事业。

当然,胡雪岩的是非利害观念又绝不等同于一般商人纯粹世俗的商业投资。一般商人把钱撒出去总是要求回报,胡雪岩当然也想用小钱赚取大利润,但是,他并不嗜钱如命,在许多关键的时候,他总能表现出慷慨大义的一面。例如,他兴办义渡、赈济灾民等行为,固然有为了赢取好名声而为经商服务的一面,但是,毕竟不同于唯利是图的商业投资,其中还是有非常明显的正义和同情等情感因素的。

今天,我们许多商人往往把情感和功利片面地分割开来,要么只讲感情,要么赤裸裸地只讲金钱,其实,我们完全可以把两者融合起来。

行动指南

做事既不能只讲感情,意气用事,无视商业利害,也不能只求利益,把一切都看作赤裸裸的金钱交易。

第四周

掌握分寸

逢人只说三分话，未可全抛一片心。

笔　记

在日常生活中，"知无不言，言无不尽"是古人告诉我们如何说话的标准。在做生意方面，如果有哪个人也坚持这个原则，往往会被人嘲笑。那么，究竟如何做到诚实同时又不妨碍做生意呢？胡雪岩的个人经验给我们一个非常重要的启示，那就是说话要掌握分寸。

首先，胡雪岩逢人只说三分话，所谓的三分话指的是慎言慎行，出言要谨慎，尽可能地少说话，因为言多必失，说的话越多，存在隐患的可能性也就越大。尤其是在商业经营上，许多商机往往蕴藏在不起眼的话语中。说者无意而听者有心，一旦自己在不经意间说漏了嘴，或者说多了话，聪明的商人就能够敏感地发现破绽并给予致命一击。所以，胡雪岩告诫商人说话要谨慎，这其实是在坚持慎言慎行的古训。

其次，胡雪岩并不是让人说话不诚实，而是要对什么人说什么话。在胡雪岩看来，对于一般同行，即使是朋友，也不应把自己所有的真心话都说出来。因为同行之间要竞争。古人云：害人之心不可有，防人之心不可无。朋友归朋友，不应该因为是朋友而不提防。

今天，许多商人往往把胡雪岩的商业智慧极端化，要么认为商人之间充满了尔虞我诈，从不对朋友说真话，要么认为商人以友情为重，把商场当作情场。这些都将影响事业的发展。

行动指南

慎言慎行，既不要欺骗别人，也不可掏心掏肺地什么话都说。

星期二
想停当再动手

不能说碰运气,要想停当了再动手。

笔　记

后人曾真实地记载了当年王有龄被困杭州向胡雪岩求援的状况。杭州被太平军围困之后,王有龄率军坚守孤城,终至粮草告罄,断粮达一个月之久,开始时将城中所存的药材、南货等尽做充饥之物,再后来吃糠、草皮、树根,最后甚至到了割尸充饥的地步。受王有龄之托,胡雪岩冒死出城,到上海买了一船救命粮食运至杭州外钱塘江面,无奈此时进城通道已完全断绝,城内城外相望却无法相通。经历了三天度日如年、寝食俱忘的等待之后,胡雪岩终于同意让陪他一起到杭州送粮的萧家骥冒险进城,但问他如何到对岸、如何进得杭州城去、遇到敌方如何应付等等,萧家骥其实想都没想,以他的意思,这种情况下,只能见机行事,碰运气了。胡雪岩不同意碰运气的做法,他对萧家骥说:这时候做事,不能说碰运气,要想停当了再动手。于是胡雪岩为他筹划了细致的方案,才放他出发。

胡雪岩如此慎重,完全是出于知己知彼、百战百胜的思想,在不了解对方的情况下,贸然行事很可能会血本无归,当时杭州被围困,胡雪岩能否成功必须对城内行情有所了解,否则这次行动就是纯粹的冒险。许多人一直误认为胡雪岩善于冒险,此话只能算是说对了一半,因为胡雪岩的冒险完全是建立在有把握的基础上,而不是贸然行事。

行动指南

需要慎重谋划后才能冒险。

星期三

不落痕迹

做事要做得不落痕迹。

笔　记

　　胡雪岩经商注重效果，做事干净利落，从不拖泥带水，所谓的不落痕迹就是由此而言的。

　　一个商人做事是否不落痕迹首先与个人的性格相关。胡雪岩生性耿直慷慨，尤其多侠义之举，喜欢救济帮助他人，这些性格对于他日后经商影响非常大。他在做军火生意的时候，一直抱着"宁可抛却银子，决不得罪同行"的原则，虽然军火生意利润极大，但是，风险也很大，胡雪岩依靠自己在官场上的势力，以及个人的智慧，周旋于清政府、洋人、同行商人之间，不仅在军火界打开了门路，而且后来成为这个行业的重要人物。而他经营的几笔大军火生意，没有一处被政府、洋人和同行抓到小辫子，每一次都是干净利落地完成交易。究其原因，一个非常重要的方面在于他性格中的慷慨大义，在危急关头舍得花银子，宁愿放弃丰厚的利润，也要保住自己经营利落的名声。这才是最长远的一笔投资和回报。

　　做事不落痕迹还是个人能力的体现。一些商人在日常生活中豪爽得很，但是，在经商方面却表现得极其拖沓，这并不是他们不愿意把事情做得干净利落，而是能力有限，想利落却利落不起来。

行动指南

　　培养自己做生意干净利落的能力，当然，这不等于速战速决，而是通过提高效率来完成任务。

星期四
出奇制胜

照我的做法，只要暗中查明白了，根本不说破，就升他的职位，加他的薪水，叫他专管查察偷漏。莫非他再监守自盗？"羚羊挂角，无迹可寻"，这才是入于化境了。

笔 记

胡雪岩用人特别注重人品，喜欢那些忠心耿耿为胡氏集团打拼的人，虽然他从来不吝啬钱财，但是，这种慷慨大义并不能感动每一个手下人，总有些利欲熏心、贪得无厌的小人不满足胡雪岩给予的优厚待遇而从中作梗。而胡雪岩在处理这些人的时候，总有自己的一套法则，虽然每个人所犯错误不同，处理方法也不可能完全一样，但有一个基本原则在于通过心理战术让犯错人自己明白主人的良苦用心，而不是简单地开除或者降职。

一次，胡雪岩同行方老板手下的伙计吃里爬外被发觉，碍于这个伙计做事非常有能力，方老板舍不得开除，再考虑到一旦开除将牵连众多手下员工，于是采取了非常聪明的一招，就是重用此人，升他的职位，加他的薪水。如此一来，那个伙计自然感恩图报，不会再有什么偷漏的弊病发生。这个处置可谓滴水不漏，即使嵇鹤龄听后也认为尽善尽美。但是，胡雪岩却说那个老板的想法不错，做法还差一点。在胡雪岩看来，做贼是绝对不能拆穿的！一拆穿，无论如何会落个痕迹，怎么样也相处不长。最好的办法应该是暗中查明白了，根本不说破，就升他的职位，加他的薪水，叫他专管查察偷漏。胡雪岩这招可谓厉害，既揽住了手下的人才，同时又暗示那个作弊者须警醒自省，可谓出奇制胜。

今天，出奇制胜已经成为商人经营取胜的利剑，但是，能否出奇并不在于时间长短，而在于是否把事情做得滴水不漏，不留下任何后患，只顾出奇而后患无穷的商业策略，不仅不能制胜反而是失败的根源。

行动指南

要懂得用心理战术处理手下犯错误的员工，以奇招巧妙制胜，不落痕迹，不留后患。

星期五
守　法

犯法的事，我们不能做。不过，朝廷的王法是有板有眼的东西，他怎么说，我们怎么做，这就是守法。他没有说，我们就可以照自己的意思做。

笔　记

胡雪岩经商从粮食开始，以钱庄、药店立身，以生丝进军国际市场，一步步从小到大逐渐确立了自己在商界的地位。他的钱庄和药店一向以诚实守信著名，不仅守法经营还以救济赈灾为己任，为此深得社会信任。这是胡雪岩经商的一个基本原则。

但是，胡雪岩的守法并不仅仅指的是单一的守法经营，在他看来，做生意绝对不可违背国家的法律和政策，这是基本的底线，绝对不能越过，否则很容易招致杀身之祸。但是，胡雪岩把守法还理解为只要法律不禁止的，我们都可以做。例如军火生意，当时太平军和清政府正在激战，谁拥有先进的西方火枪谁就可以占据更大的军事优势。胡雪岩看准了军火市场，但若这样做需冒着非常大的风险，谁都知道当时的政府对商人做军火生意是睁只眼闭只眼，不追究就什么事情都没有，一旦政府想找碴，这个就成了祸根。胡雪岩考虑到自己即使发生了意外也可以仰仗左宗棠大人摆平，于是就开始涉足这个守法与违法的边缘生意，为此大获其利。

胡雪岩善于捕捉法律规定之外的商机，对守法经营的理解采取了更为开阔的视角，这种经商的智慧足以给我们留下宝贵的经验。

行动指南

要以守法经营作为事业的底线，不可因为贪恋财富而做法律禁止的事情。更重要的是，对于守法经营的理解不要局限于狭隘的范畴，要考虑到这样做是否能引发严重的后果。

七月

品　牌

第一周

星期一

商亦扬名

文固可进官爵,然商亦可光耀门庭。

笔 记

　　胡雪岩的家训是"读书做生意可以,但是不能为官"。胡雪岩的父亲没有走读书求官的道路,当然也不希望胡雪岩当官。但是,胡雪岩为什么认可了读书求官爵之路呢?

　　重农抑商是封建王朝统治者的基本政策,商人在古时形象一直被扭曲。所谓"无商不奸",奸诈卑鄙、唯利是图、投机钻营等肮脏恶劣的字词,多被用来形容商人。在这样的背景下,"万般皆下品,唯有读书高"才成为古代中国下层士人摆脱生活困境、进入上流社会的终南捷径,这对于胡雪岩而言,同样具有深远的影响,所以,胡雪岩说"文固可进官爵"。

　　胡雪岩从贫寒的学徒,到最著名的红顶商人,显赫的地位、无边的荣誉,都是因为经商成功才得到的,这就大大改变了他对商人低微地位的认识,所以他说"商亦可光耀门庭",这固然有自己事业成功洋洋自得的成分,但更多的是他自幼就树立了以经商为荣的观念。

　　在经济全球化的时代背景下,要全面地、客观地认识经商与其他职业之间的关系,既不能自我贬低,也不能仗着财大气粗而贬低别人。

行动指南

　　正确认识经商的价值:经商是实现自我价值的一种职业或手段,从私人层面而言,可以体现自我价值、创造物质财富;从社会层面而言,可以实业强国。

星期二

扬名之法

做生意要扬名,必须学会扬名之法。

笔　记

在中国传统儒家思想看来,人生天地之间应该承担起社会的责任和历史的使命,这就是"达则兼济天下",胡雪岩作为封建社会一个普通的社会成员,在混乱的封建社会里,何尝不想建立一番让世人羡慕的功业? 但正如他说的,"文固可进官爵,然商亦可光耀门庭"。既然选择了经商之路,那么,就应该把这个作为兼济天下的事业来看待,而不是仅仅为了养家糊口、混口饭吃。

但是,如何实现扬名呢? 胡雪岩进而指出了"必须学会扬名之法"。对于胡雪岩的扬名之法我们应该辩证地看,一方面,其中固然有封建时代光宗耀祖思想的影子;另一方面,则是胡雪岩善于经商、精于商道的表现,一个成功的商人必须善于开拓商业经营之路,这样才可以打破传统的商业经营之道。

胡雪岩在自己的生意已经走上轨道之后,注意积累名声,尤其是投身公益事业,以及帮助官府募集饷银,这两件大事为他赢得了巨大的名誉,这是他成功的一个重要方面。

综观胡雪岩商业成功之路,从技巧层面而言,始终伴随着经营模式的创新,这是一笔现代商人可以充分挖掘利用的宝贵资源和财富。

行动指南

借鉴胡雪岩的经商扬名,以及扬名必须有法的思想,一方面,充分吸收传统商业经营之道,借鉴西方商业管理经验;另一方面,善于创造商业经营的技巧和方法,积极开拓商业经营的路径。

星期三
广招贤良

我说句很老实的话,你少读书,不知道怎么把场面拉开来。有钱没有用,要有人;自己不懂不要紧,只要尊重懂的人;用的人没本事不妨,只要肯用人的名声传出去,自会有本事好的人,投到门下。

笔 记

胡雪岩经商的成功,离不开广招贤良的举措。对此,可以从如下三个方面加以剖析:

一是有钱没有用,要有人。商人以追求利润为目的,既然钱是人赚来的,那么,商人就应该懂得人才比钱更重要的基本理念。空有一口袋的银子,没有善于经验管理的人才来支撑,再多的银子也有被花光的时候。

二是自己不懂不要紧,只要尊重懂的人。一个商人纵然满腹才华,也不可能在各个方面都比其他人高明,那么,就要积极吸收那些可以补充自己不足的人才进来,实现整个团队的能力互补。当然,这首先需要用人者具备开阔的心胸,不能妒贤嫉能,这样才可以招进人才、留住人才。

三是用的人没本事无妨,只要肯用人的名声传出去。这个观念看起来有点过于功利,其实不然。胡雪岩的主观目的在于招贤纳士,而能否实现这个目的,在很大程度上取决于用人者的名声,为此树立尊重人才的良好形象是广招人才的必要保障。

胡雪岩的成功,离不开他的善于用人,以长取人,不求完人。他曾说:一个人最大的本事,就是用人的本事。清人顾嗣协曾有诗:"骏马能历险,犁田不如牛。坚车能载重,渡河不如舟。舍长以取短,智高难为谋。生材贵适用,慎勿多苛求。"这是对胡雪岩用人之道的最好概括。

行动指南

树立人才高于金钱的理念,唯才是举、广纳贤士。

星期四
先赚名气后赚钱

先赚名气后赚钱。

笔　记

　　名利双收，这是自古至今人人心目中的理想。但现实中，往往不可兼得，胡雪岩以商人的独特眼光，为我们开启了认识两者关系的绝妙路径：

　　其一，名气和利益本是同根生，也就是说，只有获得其中一方，就可以为获取另外一个方面积累雄厚的基础和资本。例如，你拥有了名气，就更容易赚取利润，而你拥有了雄厚的资本，也可以借此为获取功名铺平道路。

　　其二，"先求名后求利"，并非只为求名而放弃利益，而是在名利无法兼得的情况下，应该学会先求名再求利的经营思维模式，因为一旦获取了名气，就无异于获得了商业经营的资本，这是目光长远的体现。胡雪岩在大阜粮行当学徒之时就凭借勤快能干而深受老板赏识，在亲自经营钱庄之时，又注重声誉诚信，获得了胡大善人的美名，这些都是以后赚钱的资本。

　　今天，许多人心目中的商人形象往往是唯利是图的。其实，有许多精明的商人已经认识到必须改变这种形象，他们中的大多数致力于慈善事业，树立了良好的公众形象，这可以被理解为赚钱之后的一种回报社会的行为，同时，我们还发现许多商人早在成功之前，就长期致力于这种公众形象和社会知名度的打造。

行动指南

　　应该充分借鉴胡雪岩的"先赚名气后赚钱"的思想，目光要长远，首先致力于公众形象的打造，提高社会知名度，为经商赚钱积累信誉资本。

星期五
场　面

做生意首先是要做出一个热闹、气势大的"场面"，而且"场面越大越好"。

笔　记

胡雪岩此处说的热闹，并不是一般意义上的众声喧哗、浮躁繁杂，而是一种理性的、客观的、精心策划的商业经营之道。

一方面，做生意需要靠信誉来保证，良好的信誉需要建立在民众完全心服口服的基础上，而不是强行的灌输。为此，商人需要营造巨大的声势，这样可以在社会上树立实力雄厚的形象，让民众对这个商人产生依赖感和信任感。

另一方面，场面的热闹和气势大，是精心策划的结果，换句话说，如何热闹、热闹到什么程度，这个必须由商人自己在制造气氛之前通盘考虑清楚。否则，乱哄哄的气势大，只能是一种作秀式的虚弱表示，不仅无法获取原来的目的，反而暴露出自己家底子贫的心理。

今天，商人们在经营战略中，往往注重本公司底气足、实力强的形象打造，不仅开公司之前大力宣传，制造社会影响，而且，在公司正常运转之后，不断投入巨资用于提升公司形象和社会知名度。这种看似把钱用在"不当"地方的做法，其实是非常科学的经营理念。

行动指南

要学会提升公司形象和社会知名度，充分利用媒体的宣传，塑造公司良好信誉、乐于慈善事业形象等，以此获取大众对公司的信任。

第二周

慈善招财

有慈善心,肯实惠于广大群众,才能树立起商号的良好形象,才能给自己带来进一步的利润。

笔 记

唯利是图是商人在大众心目中的一贯定位,尤其是经过文学家演绎之后,"商人重利轻别离"的形象更加深入人心。正是在这样的背景下,胡雪岩对商人应从事慈善事业的观念,就特别值得重视。

商人须有慈善心。胡雪岩把商人的慈善心和赢利目的和谐起来,这就打破了传统观念中水火不容的对立观念,其中当然有为了个人赚取名声、用来赢利的目的,但他能把实惠于广大人民群众放在给自己赢利的前面,这是他与一般商人的不同。

例如,胡雪岩在胡庆余堂大厅高悬手书一块"戒欺"匾,告诫大家:"凡百贸易均着不得欺字,药业关系性命,尤为万不可欺。余存心济世,誓不以劣品弋取厚利。惟愿诸君心余之心,采办务真,修制务精,不致欺予以欺世人,是则造福冥冥,谓诸君之善为余谋也可,谓诸君之善自为谋也可。"就是慈善招财的具体表现。

胡雪岩的这种思想是符合企业品牌形象理念的。只有企业家肯实惠于广大群众,才能树立起商号的良好形象,这正是任何一个企业在发展和竞争中能够立于不败之地的重要保证。

行动指南

树立慈善招财的思想,把经商赚钱和回报社会、布施仁义联系起来。

星 期 二

市面三宝

宜址、精修、巧陈。

笔 记

胡雪岩经商的成功之路,并不是没有规律可循的。以他对经营市面的要求而言,就有如下"三宝":

一是市面的选址要好。古人一向讲究风水,做生意也不例外。这固然有一定的迷信思想,但从地理环境对人的行为必然产生的心理影响角度来说,商业活动的选址确实与消费状况有直接的关系。因此,要选择有利于商品货物集散、交通便利、环境适当的地方布置门市,这样可以在地理条件上占有先机。

二是市面的包装设计要合理。一个让人感觉舒适、有亲切感的门面,人们更愿意消费,而同样的商品,门面布置过于寒酸简陋,或者过于奢华让人产生畏惧情绪,都无法促动商品买卖。这本是现代商业经营之道,聪明的胡雪岩早已深谙此理。

三是店内的商品布局要适当。任何商品都要通过陈列的形式给消费者视觉的冲击,而布局如何则直接决定了消费者的好恶情感,在胡雪岩看来,商品布局过于混乱无序,或者过于拘谨死板,都会影响消费者的心理,让购买者产生抵触情绪或不良反应。

例如,胡雪岩的阜康钱庄在选址上地处闹市,装修上宽敞气派、富丽堂皇,室内装有著名书画家郑板桥的字画,可谓别致精巧,这是他市面"三宝"思想的鲜明体现。

行动指南

合理参考"三宝"的准则。

星期三
起　名

我想做生意的道理都是一样的,创牌子最要紧。创牌子首先要亮出自己的招牌,要起名。招牌起名第一要响亮,容易上口,第二字眼要与众不同,省得跟别人搅不清。

笔　记

胡雪岩说创牌子最要紧,原因在于任何生意经营都要给消费者一个鲜明可感的形象,从一定意义上说,拥有一个出众的名字,在同等情况下,总会比那些名字陈旧简陋的要占有更大的先机。胡雪岩经营的商号,对起名字可谓煞费苦心,而后来的商业成功也证明了胡雪岩的创牌思想是正确而必要的。例如,胡雪岩创办的胡庆余堂药店,取名来自于《易经》中的"积善之家,必有余庆"。本来想取名"余庆堂",但秦桧当年已经用过"余庆堂",胡雪岩把它颠倒过来,叫庆余堂。

那么,如何创牌子呢?在胡雪岩看来,招牌的起名应该响亮、容易上口,以及与众不同,这些既是胡雪岩个人的经验,同时,也符合经营规律。从消费者心理的角度,具备了胡雪岩所说的起名要诀,可以有效地激发消费者对商家的深刻印象和好感。

今天,无数商家在创立自己企业的招牌上也费尽心血,排除那些华而不实的招牌之外,大凡经营成功的企业或公司,无不拥有与众不同的名字,这正应验了胡雪岩创牌之要诀的思想。

行动指南

起名应该尽可能大气响亮、容易上口、与众不同,从一开始就在消费者心中注入鲜活而富有特色的印象。

星期四
金字招牌

做生意要先求名,不然怎么叫"金字招牌"呢? 创出金字招牌,自然生意兴隆通四海,名至实归。

笔 记

自古至今,大凡生意人都要首先给自己店面商铺起个好听的名字,寄望于能够给自己带来滚滚财源,但起一个好听的名字是一回事,能否让自己的生意和所起的名字一样成为"金字招牌",则是另外一回事情。

在这里,胡雪岩提出的"金字招牌"的思想,其内涵可以从如下两个方面加以分析:

一是光有好的招牌还是不够的,好听的名字只能吸引潜在的消费群,并不等于现实中的财源滚滚。要想把好听的名字变成现实中的利润,就必须利用这个好名字,把生意做红火。

二是创造出金字招牌就等于获得了生意兴隆的资本,用通俗的话说,就是积累了吃饭的本钱。但这个资本并不是名字本身赋予的,而是借助名字实现生意兴隆之后获取的,因此,胡雪岩提出了"名至实归"。这个是理解胡雪岩金字招牌理论的关键。

今天,很多商人不惜重金为企业求取好名,社会上的起名馆也大有生意火爆之势头,但许多通过起名馆获取好名的企业,并没有获得好命。商人往往因此归咎于起名者,而不去想想胡雪岩提到的金字招牌最终只有"名至实归",才能算得上真正的金字招牌。

行动指南

企业的命名要慎重,更应该重视能否借助金字招牌实现企业生意的兴隆,把镀金的招牌变成纯金的招牌,这才是企业安身立命的根本。

星期五
"金字招牌"亦须扬名

阜康是金字招牌,固然不错,可是只有老杭州才晓得。现在我要吸收一批新的存户,非要另外想个号召的办法不可。代理藩库,就是最好的号召,浙江全省的公款,都信托得过我,还有啥靠不住的?只要那批新存户有这样一个想法,阜丰的存款就会源源不绝而来。

笔　记

"好酒不怕巷子深",这句古代商场的经典语录,一直到今天还被许多生意人津津乐道。在这种思想的影响下,中国古代商人经营的一个重要模式,就是特别注重商品质量的提升。重视产品的质量和生意经营的信誉,这本来是一件好事情,而且是任何生意兴隆的不变的法则。

但这种观念却在客观上导致了另一个可怕的后果,就是把商品质量、服务态度、诚信经营等"硬件"与宣传扬名这个"软件"对立起来,隔断了两者之间的内在联系,最终导致了"只要产品好不怕卖不出去"的错误经商理念。

为此,胡雪岩目光长远,一针见血地指出,即使目前他经营的"阜康"已经成为金字招牌,但这个金字招牌的影响力是有地域限制的,超出了这个地域范围,其影响力就极其有限。这对于商业经营而言,无疑是一个巨大的损失。所以,胡雪岩提出应该把金字招牌勇敢地推销出去,制造声势,要打破局限,向全国延伸。

行动指南

注意借助宣传广告的作用,积极扩大企业的影响力,在坚持产品质量和信誉第一的前提下,将名气进一步发扬光大。

星期一

做 气 派

通融方便可以,违反法条不可以。户头我们不必强求,我们要做气派,做信用。

笔 记

胡雪岩告诫手下人做生意要"做气派,做信用",如何理解其中的奥妙呢?

首先,"做气派"不是"打肿脸充胖子",而是要讲究做生意的底气和决心。谁都知道做生意气派的重要性,但一般人往往把气派归结于资金财富的雄厚,所谓财大气粗,就是这种思维的结果。没有对商业市场必胜的信心和决心,这种财大气粗式的气派只能是一种粗俗肤浅的装腔作势,是很难获得商业同行、顾客的信任的。在这个意义上,做得越气派,顾客反而越发不信任。

其次,"做信用"的深刻内涵来自两个方面:一个是整个商号应该给人信任感,这就要求生意人必须在买卖贸易中遵守诚信的原则,这样才能最终换取大家对商号的信任。另一个则是直接来自"做气派",商号做得气派,同行、顾客会很自然地对其产生好感和信任感,这正是胡雪岩为什么强调做信用的深刻背景。

例如,胡雪岩在阜康钱庄经营上就是典型的"做气派,做信用",不仅选址、装修气派,而且人脉很旺,钱庄的招牌由浙江巡抚亲笔题写,开业当天杭州城内官商界所有的著名人物统统到场捧场,获得了信用的资本。

今天,企业和公司的竞争也非常注重"做气派,做信用",但要么有虚张声势、故意炒作的嫌疑,要么毫无信用、弄虚作假,即使可以获得一时的利益,最终受害的也还是企业自身。

行动指南

真正的做气派并不仅仅依靠财力资本,还与生意人的信心和决心密切相关,只有树立必胜的信心和坚强的意志,才能让门面的气派充满内涵。

星期二

门面犹如人脸

门面犹如人脸,好不好会影响生意的。

笔　记

古人说,货卖一张皮。这种说法固然有些绝对,但我们并不应该否认其中有相当的合理因素。任何一件商品,无论质量如何好,都需要在以后才能得到验证,而做买卖最重要的并不是售后服务问题,而是首先把商品销售出去。因此,如何在商人和顾客第一次接触时,在顾客心中树立良好的印象,已经在很大程度上决定了生意的成败。

基于这种思想,胡雪岩提出"门面犹如人脸,好不好会影响生意"的思想,就不难理解了。但他并非主张刻意地雕饰包装门面,以讨好顾客欢心为能事。而是从商业消费者心理的角度考虑,尽可能把自己的店面门市形象做到精致有特色,给顾客带来良好的心理影响,进而刺激消费的心理。

例如,阜康钱庄门面地处闹市区,店面宽敞气派,装修得富丽堂皇,别具一格,大气轩昂。堂上悬挂的是清代书法家郑板桥的著名字画,"阜康"这块牌匾也是由当时浙江巡抚亲自题写的。

今天的许多店面门市,极尽豪华包装之能事,虽然消费层次仅仅属于大众性质,但门面装修得奢华富丽足以让人产生敬畏之感,让普通消费者望而却步,这样的门面可谓费力不讨好,适得其反。

行动指南

对店面形象要重视,但需把握分寸,让消费者既感觉在这样的店面购物是物超所值,同时,也不会因为过分追求奢华让人产生畏惧心理,或者因为怪异的风格而心生厌恶情绪。

星期三
取财有道

君子爱财,取之有道。

笔 记

孔子曾言:"不义而富且贵,于我如浮云。"这句话在后来常常遭到人为的误读。一般人往往根据这句话把孔子理解为不求富贵、甘于贫困的典范,再加上孔子对最宠爱的弟子颜回曾说过的"贤哉!回也。一箪食,一瓢饮,在陋巷。人不堪其忧,回也不改其乐。贤哉!回也"。于是,所谓的正人君子似乎天生应该安于贫困,而追求富贵者即使不被认为品质败坏,也总归与君子无缘。

其实不然。孔子并非反对富贵,而是反对使用不合法手段追求富贵。他对人追求富贵给予了充分的肯定和赞美:"富与贵,是人之所欲也,不以其道得之,不处也;贫与贱,是人之所恶也,不以其道得之,不去也。君子去仁,恶乎成名?"意思是说,有钱有地位,人人都向往,但如果不是用正道得来,君子是不接受的,贫穷低贱,人人都厌恶,如果不是用仁道的方式摆脱,君子是不摆脱的。君子一旦离开了仁道,还怎么成就好名声呢?正是在这种思想背景下,最终成就了中国"君子爱财,取之有道"的理念。

那么,取之有"道"的道究竟为何物呢?在古代,我们依据的道更多的是指社会道德仁义,即经商必须仁义和诚信,而今天,这个"道"不仅没有落伍,反而更为重要,尤其是在假冒伪劣商品充斥市场,甚至对人的生命产生了巨大的危害的情况下,为了追求暴利而丧失人性的行为,已经引发了社会的极大焦虑。在这个背景下,重新反思胡雪岩的经商理念,可以对当下浮躁的商业竞争带来警醒的作用。

行动指南

追求利润是符合人性的行为,但必须遵守道义,要坚持诚实守信、童叟无欺的社会道德底线。

星期四
赌奸赌诈不赌赖

"赌奸赌诈不赌赖",不卸门做生意,不讲信用就是赖。

笔　记

胡雪岩深知生意场上诚信的重要,他用俗语的"赌奸赌诈不赌赖"告诫手下,做生意可以凭借计谋智慧获取成功,但绝对不能依靠不讲信用来骗取财富,因为这样即使可以骗得一时,也绝非长久之计。

胡雪岩对商业经营诚信为本的理念,很容易让我们想到商鞅。商鞅为了变法成功,专门在国都进行了一次树立诚信形象的实验。他派人把一根三丈长的木头放在闹市中,下令说,谁能把木头搬到北门去,就奖赏十金,老百姓都抱怀疑的态度,无人去搬,商鞅又把赏金加到五十金,大家更加猜疑。结果有一人半信半疑地扛起木头到北门,商鞅如数地兑现了奖金,大家终于相信商鞅令出必行的诚信。后来商鞅变法之所以能够顺利进行,在很大程度上应该归结于这次树立诚信形象实验的成功。

胡雪岩在商场纵横数十年,其取得的成就相当辉煌,其中奥妙当然并非只言片语可以概括,但讲信用是不变的基本法则,这是确定无疑的。

行动指南

坚持诚信的企业并非一定能够获得成功,但通过欺诈手段赢利的企业,即使可以一时获利,也绝不可能最终成功。

星期五

正路扬名

做生意还是从正路上去走最好。

笔 记

　　虽然人人口头上都说坚持正道，但真正付诸商业活动，尤其是面对商业利润的诱惑，能够做到正路上去走的无疑少之又少。许多人对经商坚持正道的理解过于片面，认为只要坚持正道就意味着名利双损，其实不然。名利因为坚持正道可能会有暂时的损失，但从长远来看，坚持正道，名利不仅不会损失，反而更有利于树立诚信之名和赢取商业利润。胡雪岩敏锐地发现了两者的辩证关系，唯其如此，他提出了"从正路上去走，不做名利两失的傻事"。此为胡雪岩做生意要从正路上走的第一层含义。

　　做生意不从正路上走，固然有时也可以赚到钱。但从长远来看，不仅损失其名，最终还将毁掉其利，所以，从正路上走并不是否认赚钱，而是肯定了合法经营。此为胡雪岩正路扬名的另一层含义。

行动指南

　　借鉴胡雪岩对坚持正路经营与名利之间的关系，不要被眼前利益所迷惑而投机经营，应该从思想深处树立只有坚持合法经营、诚信经营才可能获得更大名利的意识。

撑起场面

即使内里是个空架子,也要想办法把场面"撑起来"。

笔 记

胡雪岩在经商过程中,必然会遇到诸如资金、市场、人脉等各种商业生产要素的制约。综观胡雪岩经商的一生,确实多次遇到过这样的问题。

那么,胡雪岩面对这种商业困境采取什么样的经营思想呢？这就是"即使内里是个空架子,也要想办法把场面'撑起来'"。

一方面,所谓的"撑起来"指的是经商技术层面。商业运行中的资金链断掉了,就需要充分调动各种积极因素加以解决,无论是借债还是减少市场占有份额,都是面对危机不得不采取的措施。胡雪岩在经商中多次面临这种情况,但通过诸如东挪西借、拆东墙补西墙等各种临时干预措施,得以渡过难关,其中固然有运气的成分,但胡雪岩精明的商业对策还是占据了主要地位。

另一方面,所谓的"撑起来"还包括经商者的内在意志、信心和决心。面对激烈的竞争,失败是常有的事情。胡雪岩也多次遭遇到失败和挫折,但他最终能够化险为夷,成为清王朝最著名的商人,这还与他在困境中表现出的愈挫愈奋、愈战愈勇的精神意志相关。在生意面临重重危机的时候,个人意志越发能体现出作用来。

今天,商业危机并不仅仅存在于商业竞争者之间的角逐,还来自于整个金融市场和环境,这种对商业经营者的冲击和影响可谓防不胜防,如何正确面对企业的困境,借鉴胡雪岩的"撑起来"经营思想显然是必要的。

在资金链断掉的情况下，要保持经营的常态，把场面撑起来，掩盖内囊已经空虚的不足，保持在消费者心目中的信任感。

星期二
流动广告

人们的嘴巴是流动的广告，胡雪岩免费所做的善举通过受其惠、见其事的人一传二、二传三而闻名遐迩，终使胡庆余堂尚未开始营业就已扬名四海。

笔　记

胡雪岩因为乐善好施被人称作胡大善人，他创办的胡庆余堂，就与他的善举直接相关。1875 年，由于战乱、疫病等原因，中国社会的死亡率剧增，人口负增长，胡雪岩此时便已打定救死扶伤的主意。他邀请江浙一带的名医研制出"诸葛行军散"、"八宝红灵丹"等药品，赠给曾国藩、左宗棠等部及受灾地区民众。胡雪岩在全盛时期开办胡庆余堂，将他救死扶伤的对象范围扩大到全天下所有的百姓。在胡雪岩的主持下，胡庆余堂推出了十四大类中成药，并免费赠送辟瘟丹、痧药等民家必备的"太平药"。

胡雪岩的这些善举，使他获得了"大善人"的称号，是他事业飞腾、强盛的重要原因。

今天，胡雪岩这种经商策略被许多人称之为"放长线钓大鱼"，其实，这严重遮蔽了胡雪岩善举行为的本质，商业利润固然重要，但能够在获得商业利润的同时为民解困，这样的商业难道不值得所有商人反思吗？

行动指南

重视商业经营中的善举，把商业利润和社会效益联系起来，这样的商业可以大大提升商人形象和企业知名度，为企业赚取更大的利润空间。

星期三
"太太"扬名法

太太、小姐们的私房钱，也许有限，算不了什么生意，可是为她们立了户头，垫付存款，一传出去，别人对阜康的手面，就另眼相看了。

笔　记

胡雪岩凭借王有龄的资助，在杭州开办了自己的阜康钱庄。据胡氏后人在《安定遗闻》中说："阜康之发达一日千里，由钱肆而银号，不十年分号遍全国，积资三千万有奇，名洋溢，妇孺皆知。"

例如，阜康钱庄开张的当天晚上，胡雪岩就让人立了十个存折，每个上面存三十两银子。胡雪岩说：太太、小姐们的私房钱虽然不多，算不上大买卖，但是她们枕边风的影响力却是很大的，我们给她们开了户头，垫付了本金，再把折子送过去，她们肯定会很高兴的。女人爱占小便宜，肯定会四处宣扬，这样，和她们来往的达官显贵就知道我们钱庄的名字，自然也就对我们另眼相看了，名声一打出去，生意自然就上门了。果然不久，大客户登门络绎不绝。

在一般人看来，太太、小姐们的私房钱非常有限，和那种大笔的存款交易比较起来，根本不值得一提。但胡雪岩却凭借极其聪明的商业头脑发现了太太、小姐私房钱和钱庄大交易之间的内在联系性。久而久之，阜康的地位和形象就被树立起来，而功劳当然首先要归功于存了点私房钱的那些太太、小姐们。

如果用今天商业战略经营的眼光来看，胡雪岩的太太、小姐扬名法，最成功之处在于树立了长远的战略眼光，尤其是考虑到商业经营利益链条中小环节的特殊作用，采取了通过利益链的最低端消费获取最高端成果的战略思想，用老百姓通俗的话说，就是大小都是买卖，一个也不能放过。

行动指南

把具有特殊地位和背景的人作为重要的消费群体，不计较他们自身消费多少，而要重视他们可能带来的潜在价值。

星期四
货 比 货

不怕不识货，就怕货比货。

笔 记

　　胡雪岩的这句话对于每一个人来说并不陌生。在更早的商业生产活动中，人们就积累了丰富的经验，其中包括"不怕不识货，就怕货比货"的思想。那么，这句人所共知的俗语对于胡雪岩商业经营的成败究竟有什么特别的作用呢？

　　首先，胡雪岩经商特别重视信誉，这是货比货的基础。一般人很容易把货比货理解为纯粹的商品质量的比较，这是一种非常狭隘的商业观念，综观胡雪岩涉猎的行业，从钱庄到药房，有的是直接出售成品货物，有的则是纯粹的信誉买卖，例如钱庄。如果仅仅把上述商业理念理解为商品质量本身，就无法理解胡雪岩对这句家喻户晓的话如此推崇的深刻原因。

　　其次，胡雪岩对此话的推崇，还包含着另外一层题旨，即生意人不能把希望寄托在一时的投机上，而是要经得起长期的时间检验。做生意就要从心底里树立"货比货"的思想准备。例如，胡雪岩开办药房研制"局方紫雪丹"时，最后一道工具不宜用铜铁锅熬药，据说胡雪岩不惜工本，花费黄金130克、白银1835克，铸成一套金铲、银锅，用以专制这种良药，此举为当时全国药店所罕见。

行动指南

　　消除商业投机思想，立足长远，敢于直面自己企业的产品质量、信誉形象和其他企业之间的比较，只有在信誉度和质量上都能够应对其他企业的挑战，才可以保障企业的良性发展。

星期五
为善名做善事

人人肯为了善人的名声，去做好事，这个世界就好了。

笔　记

　　为善名做善事并不仅仅为了追求善名本身，而是借助善名树立良好的商人形象，在顾客和社会上塑造具有慈爱之心的企业形象，获取社会的信任和大众的好感。良好的印象直接促进了生意的发达，因此，我们不能把为善名做善事仅仅看作争取名誉，而要把这个名和企业生存之本联系在一起。

　　胡雪岩说，如果人人为了善人的名声去做好事，那么这个世界就好了。我们不难看出胡雪岩内心深处抱着慈善经商的理念，至少他在客观上希望这个社会能够有更多的好人和善人。这正是胡雪岩在战乱频繁、政权倾轧的惨烈斗争环境下经商的肺腑之言，今天我们的商人常常抱怨商业竞争残酷而激烈，但和胡雪岩经商的环境比较，我们毕竟是在一个政治安定、没有战乱的和平时期。我们面对的只有利润之间的竞争，而没有像胡雪岩那样除了考虑经济，还要为自己的脑袋而时刻担心。不理解这一点，我们就无法读懂胡雪岩渴望世界多些善人的真实情愫。

行动指南

　　秉承着行善的经营理念，力所能及地为社会做点贡献。

八月

责　任

商 仁

人生天地间，何以为人？

人者，"仁"也；"商人"，"商仁"也。

为商者，懂"取舍"，有所为，有所不为，是为大商人。仁人爱人，爱人者得人，得人者方能得天下。

笔 记

胡雪岩在经商上一直遵循着仁义的原则，其商训可以概括为如下三个字："天、地、人"。意思是：天为先天之智，这是经商之本；地为后天修为，靠诚信立身；人为仁义，懂得取舍，君子爱财但取之有道。

例如，他在左宗棠任职期间，曾管理赈抚局事务。为此，他专门设立粥厂、善堂、义塾，修复名寺古刹，收殓了数十万具暴骸，恢复了因战乱而一度终止的牛车，方便了百姓，并且向官绅大户"劝捐"，以解决战后财政危机等事务。这些举措都属于地道的仁义之举，那些没有真心愿意实行仁义、而空喊仁义的商人，是绝对不可能完成此举的。

今天，仁义已经成为商业市场普遍的道德法则，但有些企业家也许仅仅把这个当作装点门面、树立形象、赢取利润的一个工具，并没有从内心深处树立商人即商仁的理念。

行动指南

要懂得"取舍"，有所为，有所不为。只要付出仁义，就一定能够在利润上得到更大的回报。

星期二
先做人，后做事

先做人，后做事。

笔　记

胡雪岩的"先做人，后做事"的经商理念，是他商业思想体系中的一个重要内容。其具体内涵可以从如下几个层面加以分析：

一，何谓做人？儒家一向讲究"修身齐家治国平天下"，细细观察这个经典训诫，不难发现其中包含着做人与做事两个核心元素。"平天下"属于地地道道的"做大事"，但做大事之前应该先"修身"，也就是说，如果一个人没有从修身开始"做人"，那么以后的"平天下"的"做大事"也就不可能完成了。

二，何谓做事？胡雪岩强调经商赚钱之前要先做人，既不能因为做事成功而掩盖人性的恶劣，也不能因为人品好而抬高经商能力。在当时战乱纷起、内忧外患不断的中国，投机钻营成为许多商人成功的法宝，胡雪岩还能够保持先做人后做事的思想，这实在是难能可贵。

今天，许多商人也意识到做人对于做事的重要性，也很想好好地加强个人修养，但往往在商业利润面前失去了理智，不仅形象全无，而且还暴露出毫无修养的暴发户本质。究其原因，一个非常重要的方面就在于没有从思想深处树立起做人乃做事之根本的意识。

行动指南

不仅要凭借商业智慧获取利润，还要以高尚的人品征服员工，在社会上树立做人做事皆好的形象。

星期三
心忧天下

　　无论为官为商,都要有一种社会责任感,既要为自己的利益着想,又要为天下黎民着想,否则,为官便是贪官,为商便是奸商,这两种人,都是没有什么好下场的。

笔　记

　　先天下之忧而忧,后天下之乐而乐。

　　心忧天下并不是不食人间烟火,而是踏踏实实地坚持自己的本分。胡雪岩说为官为商都要有一种社会责任感,否则,为官便是贪官,为商便是奸商。这就把心忧天下和那种不切现实的空洞虚无的"伪忧国"区别开来。心忧天下不属于特定阶层应该承担的义务,而是一种全民都应该承担起来的神圣职责。

　　以著名的洋务运动为例,胡雪岩认识到向西方学习、自强御侮的重要性,他积极主动地与左宗棠联系,协助左宗棠创办了福州船政局、甘肃织尼总局,帮助左宗棠引进机器,用西洋新机器开凿径河。虽然洋务运动最终失败了,但希望救亡图存的爱国之心是不能抹杀的。

　　长期以来,我们社会有一个很大的误解,就是把这种心忧天下的大事只交给那些士大夫去做,认为他们应该承担更大的社会责任,这实际上是对自身行为的放纵和承担责任的逃避。尤其是商人,往往抱着只要赚钱就行了,天下大事与己无关,让那些政治家和文化精英分子去负责吧。即使到今天,我们的身边仍然非常普遍地存在着这种非常不负责任的自私想法。

行动指南

　　应以心忧天下作为成功商人的最高境界,勇敢地承担起社会责任,在满足自己财富需求的同时,更多地考虑回报社会。

星期四
轻财好施

　　说到我的志向，与众不同，我喜欢钱多，越多越好！不过我有了钱，不是拿银票糊墙壁，看看过瘾就算数。我有了钱要用出去！世界上顶顶痛快的一件事，就是看到人家穷途末路，几乎一文钱逼死英雄汉，刚好遇到我身上有钱，便问："拿去用！够不够？"

笔　记

　　胡雪岩说，世界上最幸福的事情就在于看到人家最困难的时候去帮助人，而且是一句最具有慷慨意义的"拿去用！够不够"，这在尔虞我诈、机关算尽的商界是何等高尚！

　　但是，这种底气来自于何处呢？当然是钱多。所以，胡雪岩说："我喜欢钱多，越多越好！"如果没有了下面所说的用钱去扶危救困，那么，胡雪岩对金钱的欲求无疑是一种令人鄙视的贪婪，因为有了"拿去用！够不够"的高尚行为，胡雪岩的这种金钱欲望不仅是非常合理的，而且是让人非常钦佩和肯定的。

行动指南

　　崇拜金钱并不罪过，关键是要把金钱用于纯粹个人消费还是兼顾社会大众，抑或扶危救困，这才是树立良好形象的契机。

星期五
上忧国，下忧民

　　上忧国，下忧民。

胡雪岩一生经商,能够多次在困境中崛起,又最终在政治斗争下失败,其中不乏个人用智算计的功劳,但这并不影响他"上忧国,下忧民"的高尚品质。例如,胡雪岩在洋务运动中协助左宗棠创办了福州船政局、甘肃织尼总局,帮助左宗棠引进机器,用西洋新机器开凿径河。胡雪岩还为左宗棠的西征举借洋款,为左宗棠成功收复新疆、结束阿古柏在新疆十多年的野蛮统治立下了汗马功劳。尤其是在当时西征大军欠缺粮饷,政府都推诿的艰难时刻,胡雪岩能够挺身而出,担负起筹借洋款的重任,协助左宗棠西征新疆,其爱国之情远远不是一般的朝廷命官所能比的。

胡雪岩不仅忧国,还对社会底层大众表现出一种关爱。他极其热心于慈善事业,乐善好施,多次向直隶、陕西、河南、山西等涝旱地区捐款赈灾。有人统计,到1878年,除了胡雪岩捐运给西征军的药材外,他向各地捐赠的赈灾款估计已达二十万两白银。如此忧国忧民的商人,不仅在封建时代具有榜样的意义,就是在今天,也值得商界推崇。

应该效仿胡雪岩经商"上忧国,下忧民"的思想,在国家危难的时候,挺身而出,不能以世道不沦推卸责任,既然胡雪岩能够在世道不沦最甚的社会"上忧国,下忧民",那么,在和平安定的时期,我们的商人在回馈社会上还有什么推脱的借口呢?

第二周

热心公益

为啥要开典当，开药店？这两样事业，一时都无利可图，完全是为了公益。我开典当是为方便穷人。胡雪岩三个字，晓得的人，也不算少了；但只有做官的，做生意的晓得；我以后要让老百姓都晓得，提起胡雪岩说一声：这个人不错！事业就会越做越大。

笔 记

从单纯的利润上说，这两样事业并没有太多的回报，因此，追求利润的商人当然不会对此感兴趣，而胡雪岩却并不这么想，在他看来，一方面，经商本来就应该帮助他人，尤其是天下贫困百姓，如果对公益事业表示冷漠，那么，这样的商人就是为富不仁。另一方面，开办公益事业，可以提高商人在社会公众当中的美好形象，正如胡雪岩说的，虽然他已经很有名气了，但毕竟只是在官员和商人中被人熟知，如果真正想把事业做大做强，就必须在天下群众心目中树立形象。这样最终受益的还是商人。

据记载，胡雪岩在杭州城开设了第一家当铺之后，在朱福年等人的帮助下，他的典当行发展到二十多家，其范围覆盖浙江、江苏、湖北、湖南等多个省份，日后成为他仅次于钱庄的第二大商业利润来源。

今天，许多商人也从事类似的公益、利润两不误的事业，这对于服务社会、方便人民，具有重要的促进作用，但如果不把心态摆正，仅仅出于赚钱而从事公益事业，最终无法得到人民和社会的信服。

行动指南

无须一窝蜂地投身公益事业，把公益服务和商业利润巧妙地结合起来，不要把个人事业局限于商业领域,而要借助商业经营完成在社会上树立个性形象的重任。

星期二
利人利己

> 乱世多病痛,大乱以后,必有瘟疫,将来药店的生意也必将红火,这样既利人又利己,实在是一等一的好事业。

笔 记

在民间,常常以卖棺材的希望天天死人来讽刺商人利己,虽然这话说得过于偏激,但其中并不乏合理的因素。毕竟对于商人而言,赚钱无疑是最重要的事情。在这个意义上,能否把握住商机,对未来市场做出准确的预测,是成功经营的关键。

胡雪岩上述所谓的"乱世多病痛",是出于对未来市场的准确预测。当时战乱不断,人们深受其苦,胡雪岩根据当时社会形势,准确判断将来药店的生意必定红火,这在此后的商业经营中果然得到证实。这是胡雪岩经商精明的反映。

前些年"非典"肆虐的时候,也有许多商人成功地使用了类似的商业头脑,当大家都在挖空心思做口罩和药水经营的时候,有商人并没有跟风,而是根据传染病的流行必定会带来饮食卫生方式的改变,于是大量投资一次性餐具,结果在"非典"后期,这个经营思路非常成功。当然,这并不是说他们借鉴了胡雪岩的思想,而是说胡雪岩的这种预测市场的经营理念,是非常值得后人学习的。

行动指南

要准确对市场前景加以预测,以前瞻性的战略眼光开发产品,善于捕捉商业生产链条中的内在延展性和因果逻辑性。

星期三
钱财乃取祸之门

自古以来，钱财乃取祸之门。更何况一人发财，千人挨饿，岂能不遭人嫉妒呢？

笔　记

胡雪岩一直大胆地承认商人就要好好赚钱，为什么此处又说"钱财乃取祸之门"呢？对于其中要义，可以从如下两个方面加以分析：

一是胡雪岩肯定商人对利润追求的合理性，但他并没有把钱财看做商人的唯一追求，而且，对钱财抱着十分客观的态度，一直强调"先做人、后做事"，其本质在于指出那些以商业利润追求为唯一目的的商人，如果把钱财看得过于严重，那么钱财就无异于取祸之门了。

二是胡雪岩认为商业利润的赚取应该培育良好的市场环境和消费群体，绝对不能出现"一人发财，千人挨饿"的状况，因为这种贫富距离的拉大会直接威胁到商业经营的正常进行。虽然从短时间来看，商人可能会因为榨取大众的财富而获得巨大的商业利润，但当消费资源被掠夺殆尽，并且引发顾客和商人之间的对立矛盾之时，损失最大的还是商人。因此，胡雪岩强调经商不可被大众孤立，不能成为人民的公敌。

胡雪岩的"钱财乃取祸之门"、不可"一人发财，千人挨饿"的经营理念，在当时奠定了商业成功的基础，也为今天商界和管理界人士提供了重要的启发意义。

行动指南

应警醒一味以追求金钱作为商业活动的全部内容，迟早酿成灾祸。

星期四
帮别人成就事业

一文钱逼死英雄汉,要是能砸出银子拉拔那些英雄穷汉,使之成就不拔勋业,才是花钱痛快事。

笔 记

古人说:"君子成人之美。"乐于助人无疑是值得称道的君子之为,古代如此,今天亦然。综观中国浩荡的历史,拔刀相助的感人故事可谓比比皆是。虽然不能说这些助人之举足以气壮山河,但被后人树立为道德典范的并不少见。正因为如此,我们的历史才会留下"滴水之恩,当涌泉相报"的经典训诫。

胡雪岩作为一名商人,当然知道商业成本投入和利润回报的利害关系。但胡雪岩慷慨解囊资助朋友,并非仅仅出于商业利润的回报,更重要的是他把这种帮助别人作为人生信条。在胡雪岩看来,人总有落难的时候,如果能够资助这些落难和不得志的英雄,将来他们一定能成大器。这种仅仅通过资助部分金钱就可以成就一个人一生事业的举动,在他看来是多么令资助者幸福的事情啊!

看见他人的成功,不仅没有丝毫的妒忌排挤之心,反而为之欣喜感动,并且以此作为人生快意之事。胡雪岩助人为乐就是这样的心态。今天,我们社会也呼吁更多的企业家能够多为社会的弱势群体做点贡献。

行动指南

学习胡雪岩帮助他人的精神境界,不要把资助扭曲为变相的商业投资,而是要以帮助他人成就一番功业作为人生一大快意之事。

星期五
不谋国家之利

我虽是一商人，却不敢脱离国家谋一己私利。

笔　记

　　商人与国家的关系本来就是密不可分的，借用今天商业术语来说，整个国家就是商业经营的最大市场，但这里的国家并非仅仅是作为商业生产活动的市场，而是国家利益。

　　不可否认，历史上许多商人的发迹靠的就是牟取国家的利益，例如在国家危难之时，大发国难财，不仅不承担起为国做贡献的责任，反而在严重地损害国家。久而久之，人们往往对这些专门投机钻营、榨取国家利益的商人恨之入骨，甚至把商人丑化为贪图赚钱而出卖国家的奸佞之人。

　　翻开中国古代商业发展的历史，我们不难发现，早在春秋时期，就出现了爱国的商人为了国家不被侵略而散尽家财、保家卫国的感人故事。此后，在漫长的封建社会历史中，如此富有正义感和爱国心的商人屡见不鲜，这本来应该成为今天商人重点效仿的范本，但人们往往忽略了商人中的正义形象，而被投机取巧、唯利是图等奸诈形象所困惑。如此看来，重新反思胡雪岩经商"不敢脱离国家谋一己私利"的思想，对澄明商人形象、倡导爱国经商，都具有现实的借鉴意义。

　　据传，日本住友银行在招考干部时，总裁曾出过这样一个试题："当本行与国家利益发生了冲突，你认为应如何处理？"许多人回答："应为住友的利益着想"，总裁认为"不能录用"；另一些人答"应以国家利益为重"，总裁认为"仅仅及格，不足录用"；有一个人这样回答说："对于国家利益和住友利益不能双方兼顾的事，住友绝不染指"，总裁的评语是："卓有见识，加以录用。"

行动指南

　　借鉴胡雪岩的不谋国家利益的经商理念，对于国家利益和企业利益不能兼顾的事情，再大的利润，企业也绝不染指。

星期一

钱用我,不是我用钱

发了财,就应该做这种好事,这是钱用我,不是我用钱。

笔 记

胡雪岩发财不忘做善事,世人皆知"胡大善人"。但很少有人知道胡雪岩对于做善事保持的"这是钱用我,不是我用钱"的看法。

如何理解这句话的内涵呢?在我看来,胡雪岩所谓的"这是钱用我"的本意在于揭示钱财对于人的真正价值问题。谁都知道物质社会金钱的重要性,民间常说金钱不是万能的,而没有金钱则是万万不能的,就是强调了金钱对于每个社会成员的普遍价值。但无论金钱如何重要,它都只是一种让人们生活得更好的工具罢了。也就是说,人发了财之后,最重要的就是要让自己过得更好,而人生活得更好绝不仅仅包括自己生理欲望的满足和快感,还应该包括人的精神价值的充分体现,为此需要尽可能地用自身的财富去帮助他人和社会。

这种善行从表面上看是人在使用金钱,但从深层上看则是金钱自身价值和功能的体现,是金钱驱使着人去做应该做的事情。正是在这个意义上,胡雪岩说"这是钱用我,不是我用钱"。

在今天的商品社会,我们常常对商人们资助弱势群体一掷千金的行为深为感动,认为他们用钱慷慨大方,如果从胡雪岩商业经营的理念考虑,我们就可以对这种行为加以理性辨析,究竟是出于我用钱,还是出于钱用我。

行动指南

借鉴胡雪岩的金钱观念,在回报社会方面,不要把金钱看得过重,要实现金钱帮助人生活得更好的价值,实现"钱用我",而不是把钱看作生命一样,吝啬地"我用钱"。

星期二
满　足

　　胡雪岩认为：钱财的价值，不在于钱财本身，而在于花费、消耗过程所带来的满足感。花大把银子买十万石，筹措十万两白银赈济攻城湘军，换取杭州满城百姓平安，这就是满足。

笔　记

　　胡雪岩认为，钱财的价值产生于花费和消耗的过程中。其要义可以从如下两个方面加以分析。

　　一是满足感何在？胡雪岩热衷于赚钱，但不像守财奴一样只进不出。守财奴的快乐是看着白花花的银子进入自己的口袋，并且想尽一切办法不让一分钱外流出去，而胡雪岩的满足感则是看着自己辛苦挣来的银子能够如同流水一样地花费消耗出去，这样就把僵死的毫无生气的资金链整个带动起来，形成了一个流动的循环消费链条。

　　二是为什么满足？消耗、花费银子可以让胡雪岩产生快感和满足感，但消耗过程的满足是有区别的，把银子花费在吃喝玩乐上，与把银子消耗在帮助社会、救助贫困上，同样的消耗过程，在满足感上有本质的差异。这就把胡雪岩的满足感与令人鄙视的挥金如土、穷奢极欲的花费区别开来。胡雪岩将银子消耗在社会救济上并从中获取满足，是因为这种做法与他高尚的道德追求高度契合。

　　胡雪岩消耗银子令人满足的观念，在客观上还隐藏着一个科学的规律，生产、分配、交换、消费四个环节构成了物质生产的基本链条，只有消费才能实现生产过程的最终完成，否则，生产就不存在。胡雪岩满足于银子不断地消耗，在客观上正好符合了生产与消费的理论，这也是他能够在商业市场面前，运筹帷幄、把握规律的一个重要原因。

借鉴胡雪岩的满足感,不要把满足感局限于纸醉金迷的生理欲望的满足,而是要让消费促进社会的进步。

星期三
关心人间疾苦

商人重利,黄金白银,往往刻薄乖戾,行起事来,视他人若草芥。胡雪岩行事虽雷厉风行,人间疾苦,却是洞若观火,颇有大家风范。

笔　记

同样是商人,同样对金钱抱有强烈的占有欲望,为什么有的商人在黄金白银面前"刻薄乖戾,行起事来,视他人若草芥",而胡雪岩却"颇有大家风范"。后人对胡雪岩的评价是否过于抬高,而对其他商人是否过于严苛,这自然值得商榷。但其中一个方面是不容置疑的,这就是胡雪岩较之一般商人更关心民间疾苦。

胡雪岩出身贫寒,这就注定了他比那些继承父业的家族商人更了解民间疾苦,但这只是他具有比一般商人更了解民间疾苦的可能性,并不代表只要经历过困难生活的商人,在发迹后都一定能对人间疾苦洞若观火。相反,许多一夜暴富的商人,在发达之后不仅对人间疾苦麻木不仁,反而勾结官府,共同压榨人民。

因此,问题的关键并非在于胡雪岩是否经历过这样一段苦难的人生历程,而在于富贵之后是否忘记了这种苦难,以及是否有愿意帮助人民的诚意。如果没有这两个要素,出身再贫苦的人,在发迹之后只能更加贪婪,而不会像胡雪岩这样对于人间疾苦,"洞若观火,颇有大家风范"。

行动指南

学习胡雪岩的"大家风范",关心社会底层生活状况,了解民情,这既是获得商机的重要途径,也是不同于一般低俗商人的优越品质。

星期四

一劳永逸

此事不做则罢，做必一劳永逸，至少能受益五十至百年。

笔　记

据后人研究指出，同治三年（1864），胡雪岩决心兴办义渡。他出资十万两白银，在三廊庙与西兴建渡船码头，购买数艘方头平底渡船，这种渡船行驶比较平稳，对摆渡者不收分文。段光清在《镜湖自撰年谱》记载："胡在钱江义渡的捐簿上首写捐银十万两。""此事不做则罢，做必一劳永逸，至少能使受益五十至一百年。"另据《铸钱塘江义渡碑记》记载："钱塘义渡古未之有，同治三年，粤匪初退之后杭绅胡光墉时方主善后事，垂念钱塘江中，渡船以多得钱为利，人众载重，又不论潮涨风大，黑夜贪渡，往往至倾覆，虽悯之无法可拯也……"

胡雪岩兴办义渡之后，钱江两岸再也没有发生覆舟死亡事件，胡雪岩这一善举可谓深得人心，后人立碑为记。这既是对胡雪岩善举行为的嘉奖和赞赏，同时，也奠定了胡雪岩在商人中的崇高形象，如果从商业必须坚持诚信交易的角度而言，胡雪岩兴办义渡在本质上为自己的商业做了一件一劳永逸的事情。因为这个善人的名声既不是用钱能够买来的，而且，这个善人的名声为其创造的利润也不是一般的数字可以概括的。

行动指南

未必需要像胡雪岩那样投资兴办义渡，为自己树立善人的形象，但应该意识到投入部分资金用于公益事业，所获得的回报是无法估量的。

星期五
官商之道

只要能帮军官打胜仗的生意,我都做,也愿意做。你要晓得这不是亏本,是放资本下去,只要官军打了胜仗,时世一太平,什么生意不好做?到那时候,你是出过力的,公家自会报答你,做生意处处方便。

笔 记

与官府做生意,这是胡雪岩的一大创造,其被称为红顶商人,足见其生意与官府之间的密切关系。从结识王有龄开始,胡雪岩就与清政府建立了合作关系,再到左宗棠西征新疆平定叛乱,胡雪岩几乎凭借个人之力扛起了本应该由国家承担的责任,最终的结果证明,胡雪岩此举不仅帮助了官府,而且获得了巨大的回报。胡雪岩说"到那时候,你是出过力的,公家自会报答你",就是这个意思。

但是,这并不是说只要商人和政府联合就一定能够得到回报。因为政府掌握了商人的命运,所以,和政府合作并不意味着包赚不赔,甚至还承担了更大的风险,这在无数的商业个案中都可以得到验证。胡雪岩在帮助官府筹集饷银之前就已经清醒地意识到了这点,这正是他在此处提到"亏本"的根本原因。

胡雪岩的精明之处远远超出了一般的冒着商业风险获得巨额回报的问题,而是敏锐地发现了个人生意与国家社会政治环境密不可分的关系。只有安定的社会环境,才能更有利于商业发展,虽然一时的战乱可以让部分商人投机发财,但通过这样的方式赚钱既不道德,也无法长久。

行动指南

帮助政府安定天下,既可以为以后获得更大的回报奠定基础,也维护了整个商业环境。即使在与政府合作中亏损,要乐观地想到"这不是亏本,是放资本下去",将来必有回报。

星期一

平　静

　　我们要做好事。做生意第一要市面平静,平静才会兴旺;我们做好事,就是求市面平静。"饥寒起盗心",吃亏的还是有钱人,所以做生意赚了钱,要做好事。

笔　记

　　在许多人看来,商业规则讲究竞争,既然竞争就必然导致整个市场乃至社会的波荡。所以,所谓的平静似乎只能属于那种自给自足、悠闲自得的农耕文明。而胡雪岩在此却说"做生意第一要市面平静,平静才会兴旺",这究竟如何理解呢?

　　商业竞争在本质上并不是你死我活的斗争,真正的良性竞争应该实现双方的双赢,而不是两败俱伤。也就是说,商业文明同样可以实现平静的生活状态。但在现实社会中,由于一部分商人对金钱抱有畸形的观念,为了赚取利润而把文明平静的商业生活异化为一种残酷的欺诈行为,久而久之,商业社会被各种阴暗丑陋的事情充斥,平静就从社会视线中逐渐淡出。

　　但是,胡雪岩所说的平静并不是回归到道家老子所说的田园牧歌式的生活,而是保持整个社会政治环境的安定和秩序。因为无论是农业生产还是商业生产,都必须建立在政治安定的基础上,当社会政治混乱到了"饥寒起盗心"的时候,仇富的心理必然滋生广大弱势群体对富人的极度反抗,最终吃亏的当然还是富人。

行动指南

　　把个人的生意,与商业市场环境的稳定联系起来,混乱的市场环境固然可以为投机经营带来便利,但最终将损害商业经营的根本。

星期二

做好事不留名

不过行善要不叫人晓得，才是真正做好事。为了善人的名声做好事，不足为奇。

笔 记

胡雪岩曾兴办义渡，既帮助了当地群众，也赢得了"胡大善人"的美誉，曾有人如此对胡雪岩说：不过行善要不叫人晓得，才是真正做好事，为了善人的名声做好事，不足为奇。

胡雪岩如此回答：人人肯为了善人的名声，去做好事，这个世界就好了。有的人简直是"善棍"。什么叫"善棍"？在胡雪岩看来，"善棍"就是骗子，借行善为名行骗，这类骗子顶顶难防。但日子一久，总归瞒不过人。所以，无论什么事，一颗心假不了，有些人自以为聪明绝顶，人人都会上他的当，其实到头来原形毕露，自己毁了自己。一个人值不值钱，就看他自己说的话算不算数，而不是为了名声。换言之，即使为了名声，但只要能够言既出行必，那也是真正的善人。

胡雪岩的回答既巧妙地回击了他人对自己兴办义渡的质疑，可谓绵里藏针，但更重要的是为那些曲解商人行善本意的人上了一堂课，真可谓一举两得。

今天，胡雪岩的话依然有着现实针对性，当一个商人为社会做了善事之后，就有人站出来指责是"作秀"、"炒作"。其实，我们对此可以用胡雪岩的观点来判断，真正的善事不在于名声，而在于是否言行一致。

行动指南

在做善事方面，对于外界质疑自己善举的行为，要有充分的心理准备，始终坚持言行一致，就可以轻松粉碎外界的误解，实现做善事得美名。

星期三
救人等于救己

要请大家明白,这是救地方,也是救自己。

笔　记

　　胡雪岩的事业如日中天之时,国内政局混乱不堪,尤其是杭州地区,适逢清政府和太平军恶战不断,江浙沿海地区生活受到战争的影响极其严重。一方面,清政府无力支付大量饷银和赈济地方百姓,战争区的人民生活处于困顿之中;另一方面,太平军频繁偷袭清政府运输队伍,阻断交通,即使有外界的粮食物资也很难流通运输。

　　在这样的现实背景下,胡雪岩主动提出给杭州地方官员捐助粮食一万石,筹集白银十万两,这对于清朝杭州地方政府而言,无疑是久旱逢甘霖。但胡雪岩自己的钱庄并没有这么多钱,必须依靠向同行去借,时局如此混乱,经济如此不堪,又有哪个精明的商人能够理解胡雪岩的这种"愚蠢"的做法呢?于是,胡雪岩就委托能言善辩之人对杭州地方商人做思想工作,尤其要向他们解释清楚:银子是胡雪岩本人向他们借的,以此消除商人们的后顾之忧,另外,这样做就相当于帮助商人自己,因为一旦城池被太平军攻破,或者饥民四起,军队涣散,富裕的商人必然成为第一个牺牲品。

　　胡雪岩的"救地方也是救自己"的思想,证明了他经商方面卓越的眼光,这是他商业成功的资本,与那些仅仅盯着眼前小利的平庸商人有着本质的区别。

行动指南

　　明白为地方解困对自己商业经营带来的巨大益处,没有太平的地方商业市场环境,何来商人自身的利益和保障呢?

星期四
助人之法

有钱可用,还要看机会;机会要看辰光,还要看人。

笔 记

胡雪岩曾与人畅谈生意发财之后做善事的问题,有人说:要你想做一件事,没有钱做不成,到了你发了财,才感觉发财之可贵。

对此观念,胡雪岩并不完全认同。因为"有钱可用,还要看机会;机会要看辰光,还要看人"。为什么呢?例如,你想帮朋友的忙,但因为没钱而力不从心,忽然中了一张彩票,而那个朋友又正在危难的时候,机会岂不是很好吗?但当你把钱送给他的时候,人家却说不要。这就叫做机会要看辰光,还要看人。

胡雪岩的说法固然属于个案,但其中蕴含的道理却是普遍的。想做好事需要有钱作为基础,仅仅有钱而没有出现他人困顿的机会还是不行,而即使满足了上述两点还需要根据你帮助对象的人来确定。否则,有心帮忙却不得随愿倒是其次的,如果适得其反弄得好心做坏事就更严重了。

行动指南

要有帮助他人的爱心,但要看机会,尤其要看帮助对象的为人,要学会择机看人来帮助,否则,只能事与愿违。

星期五
善有善报

有慈善心,肯实惠于广大群众,才能树立起商号的良好形象,才能给自己带来进一步的利润。

笔 记

善有善报，恶有恶报，这多少具有因果宿命论的思想，但也有合理之处。胡雪岩坚持这种观念，多少也有这个特殊的社会思想背景的原因。但如果仅仅以此来看待胡雪岩做善事的行为，就过于偏激了。

胡雪岩曾开办著名的胡庆余堂药店，药店的经营除了保证药品的质量之外，还采取了多种措施努力做到实惠于广大群众。例如，胡庆余堂在每月初一、十五按市价打折发售，以示"善举"。正是由于胡雪岩的善举经营理念，使得胡庆余堂不到几年便获得了巨大的发展，出现了顾客盈门、门庭若市的景象。胡庆余堂信誉渐著，以致后来胡庆余堂由外姓接办，据说新业主想在招牌纸上除去"雪记"两字，但顾客就不相信这是真药，接办的业主无奈只得照旧使用"雪记"字号。这正是胡雪岩慈善心、实惠于群众所树立的商号良好形象的证明和结果。

今天，我们许多商业管理者往往绞尽脑汁保住自己品牌的形象，但在消费者心目中，往往事与愿违，其中一个重要的方面就在于商人们缺少善有善报的经商理念。

行动指南

通过善举来树立企业和产品的形象，而不是短暂的让利行为，只有以慈善为出发点，让利行为才会真正为消费者接受。

九月

舍　得

星期一

所有所无

一无所有,尽无所有,有又无有。

许多人赞叹胡雪岩的成功,并不仅仅因为他成为中国历史上显赫的红顶商人,还有他如何从一名地位极其低微的学徒变成一代巨富的。试想,一个人能够从一无所有、一贫如洗的状态转瞬之间变成富可敌国的商人,这种神话似的转变确实让人急切渴望破解其中的谜团。

其实,这里面包含着深刻的道理。人只有在一无所有的时候,才会激发起更大的斗志,虽然同样的状况也可以让一个人畏惧退缩,但对于胡雪岩这样胸怀大志的人而言,一无所有恰恰是包孕着未来极好机会。在他幼年做学徒的时候,就表现出极其勤奋聪明的一面,深得老板赏识,因此他很快就摆脱了学徒中最底层的状态,迅速进入更高的管理阶层。而所有这些成绩的获得无疑是建立在他曾经一无所有的前提下的,因此,我们可以把他后来所有归之于以前没有的孕育。

中国道家哲学常常说,"人法地,地法天,天法道,道法自然"。人类呈现的"大有"的状态最终还不是包孕在自然"一无所有"的惝恍迷离状态之中吗?此所谓"有又无有"之意。胡雪岩本人当然并非一定深谙道家哲学,但他经商和做人的思维逻辑无疑和这方面是吻合的。

借鉴胡雪岩经商从无到有之道,以动态眼光看待名利的无和有,眼前的"一无所有"往往并不是一种灾难,而是让你建立"大有"的前提。

星期二
长短之别

很多事情,长期有长期的做法,短期有短期的做法。短期干法比较容易见到利益,长期办法往往先要赔掉很多本钱。

笔　记

谁愿意做赔本的买卖?不仅商人不愿意,生活中的普通人也不愿意如此。但任何事情都是一分为二的。即使赔本买卖也许并非绝对的只赔不赚。有时候,牺牲短期的利益,是为了谋求长远的更大的利益。所谓"舍"与"得",先舍而后得,舍小而得大,这不正是一种智慧的体现吗?

在今天激烈的市场竞争环境下,为了赚取利润,许多商人不惜一切手段斤斤计较,这虽然能够带来短暂的利润和好处,却损失了更为长远和丰厚的利益。有的商人则目光长远,宁肯牺牲眼前利益以换取将来的发展。这种做法与胡雪岩的经商思想是完全一致的。

行动指南

不要过于计较眼前利润,如果损失眼前利润可以换取未来更大的回报,那么,做一次赔本买卖也是值得的。

星期三
先予后取

欲有所取,先有所予。

笔 记

　　胡雪岩曾说,眼光到一省,就能做一省的生意,看得到天下,就能做天下的生意,看得到外国,就能做外国的生意。在如此长远的眼光之下,胡雪岩看到了"欲有所取,先有所予"。在他看来,每个商人都喜欢赚取利润,这是商人的职责和使命,但赚钱并不一定意味着不断地从外界获得,在很多情况下,需要先给予然后才能有收获。

　　这正如一个人出拳,如果把整个手臂一直伸展着,这样打人是没有力量的,如果把手臂先收缩回来,然后再打出去,这样力量就会更大。这也正是中国古人一直倡导的以退为进的道理。

　　胡雪岩"先予后取"的成功例子不胜枚举。他在左宗棠西征缺少粮饷之时,毅然支持西征,积极为政府筹措粮饷,在当时许多商人看来,这种做法无异于自杀。因为如果政府一旦不承认,或者打败仗,胡雪岩的银子很可能就彻底打水漂了。但胡雪岩坚持"先予后取"的思想,成功地赌赢了这一笔生意,为其登上当时商人成功的最高峰奠定了基础。

　　今天,在商业经营上,有个术语叫做"培养市场"。就是先投资一部分资金进入市场,而这笔资金不能立刻带来回报,如果市场成熟就可以获得更多的利润。反之,投入的钱也很可能打水漂。这实际上也是在贯彻"先予后取"的经营理念。

行动指南

　　借鉴胡雪岩"先予后取"的经商理念,在准备赚取利润之前,要舍得先投入,既不能把赚钱理解为一味地索取而不需要任何付出,也不能看成先赚取再给予。

星期四
不可因小失大

　　商业场中,见小利而不顾身,如何不叫人耻笑?与此等人共谋,岂不事事难舍难分?

　　商人追求利润是分内之事，并没有任何不光彩之处。即使是最小的利润，也应该抓住不放，无谓大小都是生意。但胡雪岩却说那种"见小利而不顾身"的经商办法令人耻笑，如何理解呢？

　　其实，胡雪岩并不反对赚取微小的利润，因为小利中往往蕴藏着无限大的商机。但他最反对为了小利润而不顾危险的自杀式经营策略。这种思想非常容易让我们想起历史上曹操对当时诸侯领袖袁绍的一段经典点评。袁绍身为四世三公，出身显赫，十七路诸侯伐董卓时，他曾被推为盟军的总首领。但他最终无所成就，其根本原因在于曹操指出的：色厉胆薄，好谋无断；干大事而惜身，见小利而忘命。这虽然说的是军事政治，但经商与此一样，当一个人因为小恩小利就不顾一切，这样的人必定难以成就大事。

　　许多商业经营的最终成功并不是一个人能够完成的，为此需要商人之间的合作，对于合作对象而言，当然是越能够帮助自己事业成功的越好。胡雪岩就指出不可与见小利而不顾身的人合作共事，因为这些人过于贪婪粗鄙，在诱人的商业利润面前，终究会产生越来越大的矛盾，会影响整个商业最终的成功。

行动指南

　　要敢于冒险，但冒险不顾身的行为绝对不能是出于小利，因为这样往往得不偿失。

星期五
舍得付出

　　因势利导，只要舍得付出小利，就没有办不成的事。

　　胡雪岩的慷慨大方在商人中是出了名的，但他把大把银子水一般地泼洒出去并不是没有目的的,其中一个非常重要的原因在于通过付出小恩小利而获得超额的回报。

胡雪岩慷慨地资助那些落魄但有潜力的人,笼络了一大批甘心为其卖命的人。通过广散钱财的方式,与合作伙伴、同行、供应商、客户、政府等共同分享利益,这就稳固了自己的商业战线,保证在经商时不会后院起火,或者树敌太多,这正是他敢大气地说只要舍得付出小利,就没有办不成的事情的重要原因。

综观今天商战正酣,许多商人借鉴了胡雪岩的舍得付出小利而获得成功,赚得钵满盆满。而另外一些商人则因为贪图他人的小利,而最终赔了夫人又折兵。可见,小利虽小,但是对于商人而言,是舍得还是贪恋,都直接关系到商业最终的成功与否。

行动指南

借鉴胡雪岩舍得付出的经营理念,不仅要敢于牺牲自己的小利,更重要的是把牺牲小利和事业成功之间建立必然的联系,而不是仅仅炫耀自己的故作大方。

第二周

联合同行

这趟生意,我们赚多赚少是其次,一定要让同行晓得,我们的做法是为大家好,绝不是我们想利用同行发财。

笔 记

胡雪岩商业贸易的对象不仅仅局限于国内商人,还积极和洋人进行贸易。胡雪岩根据江浙地区蚕丝贸易发达的情况,利用生丝和洋人交易。当时洋人经营的地区以上海为中心,渗透到杭州和南京等重要城市,但由于洪秀全领导的太平军正在和清政府进行旷日持久的战争,直接造成了江浙地区交通贸易市场环境受到巨大的破坏,洋人商业活动的地域范围被大大压缩。这意味着国内商人和洋人之间的贸易需要受战争双方胜负结局的影响。

在这样的背景下,当时江浙地区的商人不敢和洋人进行商业贸易,担心政府和洋人一旦失败,他们和洋人的贸易就可能面临血本无归的风险。为此,胡雪岩告诉同行,从当时的局势来看,太平军必然失败,政府和洋人必定能够重新控制国内局势。如果等到天下太平之后再和洋人做生意,那么就晚了,最好的办法是现在就和洋人坦诚地贸易,不仅可以赚取一定的利润,最关键的是一旦战争结束,洋人就会把他们作为商业贸易最重要的对象。所以,他反复申明和洋人贸易的利害得失,希望国内资本实力比较小的商人们能够联合起来,成立一个庞大的国内商人集团,积累起足够的资金,便于和洋人商业贸易战中占据有利的地位。

当下商人的国际贸易,虽然因为时局太平并不需要商人如同胡雪岩一样考虑时局,但在集中弱小的商户、积累庞大资金和外资进行较量方面,我们不仅做得不够,反而出现内讧和相互利用的情况。此种情况,较之胡雪岩当时和洋人打交道,实在值得深思。

不仅要善于判断商业贸易形势,还要根据时局变化进行贸易,尤其是为将来时局进行前期投资,以为日后奠定商业贸易的基础。

星期二

因才施薪

想找能干之人,就不能在银子上斤斤计较。

笔　记

真正的人才虽然不一定计较金钱,但如果想招揽到人才,就需要在金钱上不惜血本。这并不是说只要舍得花钱就能找到人才,而是说,不舍得投入资本是很难笼络人才的。

在生活中,许多人往往把这个简单的道理绝对化,要么认为只要舍得花钱就一定能够找到人才,而不知道尊重人才,创造平台和机会让人才施展本领;要么认为真正的人才视金钱如粪土,以所谓的交情来笼络人,这种方法无法长久,在现实面前,往往落得人走楼空的下场。

胡雪岩认为,要笼络优秀的人才,就必须舍得花费成本,不能光靠嘴皮子说得好听,而舍不得付出"银子";另一方面,不要依仗财大气粗践踏人才的自尊和人格,而要从金钱的付出显示自己对人才招揽的决心和诚恳的态度。

行动指南

舍得付出血本去笼络人才,同时让他们感受到领导对他们自身价值的尊重和肯定。

星期三
事缓则圆

事缓则圆，不必争在一时。

笔　记

唐代《述书赋》云："君子弃瑕以拔才，壮士断腕以全质。"意思是当遇到特殊情况无法顺利进行一个任务的时候，需要暂时有所失而求未来有所得。在古代曾经用"壮士断腕"的悲壮举动来阐释这个涵义，而胡雪岩则用了一个非常舒缓的词语来诠释此语的真谛，这就是"事缓则圆"。

首先，为什么会出现"缓"？任何人经商都不可能一帆风顺，这本来是一个非常简单的道理，但在现实中往往很难被人接受和理解。其中一个非常重要的原因，并不是商人们脑子笨转不过弯，而是因为利润的诱惑力实在太大，商人们不愿意接受事缓的现实。如此一来，事情的轻重缓急就不再是纯粹的是否完成任务的能力体现，而是能否顺利赚取巨额财富的问题。千百年来，不知道有多少聪明绝顶的商人在踏上这条路之后，因为绕不过这个心态上的门槛而折戟沉沙。胡雪岩"事缓则圆"的商业理念，告诫了商人想发财就必须有能力接受事业出现"缓"的现实问题。

其次，遇到了缓应该如何"圆"呢？胡雪岩曾经在清政府对他虎视眈眈之时，毫不犹豫地毁家纾难，他解释说：有句话叫做壮士断腕，我只有自己斩掉一条膀子，人虽残废，性命可保。胡雪岩这样做得以保全性命，虽然在许多人看来他从此走入商业和人生的最低谷，但他能够这样做其实也是一种成功，因为比起那些宁可为了钱财去死而不醒悟的人，胡雪岩的做法至少保留了将来东山再起的希望。姑且不论这个希望是否最终得到实现，至少这样做符合经商不争一时之利的理念。

一度被誉为"20世纪最佳经理人"的 GE 前执行长杰克·韦尔奇，曾经毫不犹豫地把许多业绩不在业界前两名的事业部门关闭。这样做就是通过圆润的方式解决现实困难的良药，虽然损失了一时之利，但是，最终得到的是更多的利润。

行动指南

借鉴胡雪岩"事缓则圆"的经营理念,以损失商业利润保全企业生存之本,不计较一时之利,要明白死抱住不放手,最终赔进去的不仅仅是整个企业的利润,甚至还有经营者生命自身。

星期四
经得起折磨

做人要像哗矾一样,经得起折磨,到哪里都显得有分量。

笔 记

胡雪岩的经商成功之路,可谓历尽千辛。在无数次商业失败面前,他表现出了"经得起折磨"的精神。

胡雪岩经营的钱庄曾一度陷入挤兑风波,形势岌岌可危。但胡雪岩却表现出极其平静的神态,好像什么事情都没有发生一样,依然气定神闲地在自己的店面里溜达。当时正值天气骤变,气温急剧下降,他发现店员们吃饭时,依然和平时一样用普通的锅灶,于是立刻把厨师和管事的喊来,责问天气这么冷为什么不换火锅吃饭。管事的回答店员们吃饭锅灶用具的改变是根据季节来更换的,现在虽然天气冷,但按照惯例还没有到更换火锅的季节。胡雪岩立即要求在店内挂一块测量温度的表,并宣布是否更换灶具吃饭需要根据表上的温度来定,而不一定等到某个规定的季节。

胡雪岩在面临如此艰难的商业局势,居然还能够如此平静地关心员工的吃饭问题,足以显示他"经得起折磨",到哪里都有分量的气魄。当下的有些商人,赚取利润的时候,狂喜不禁,嚣张跋扈,一旦遇到挫折,就垂头丧气,表现好的酗酒动怒,表现差的要死要活,相比之下,胡雪岩说的做人要经得起折磨,可以为这些商人指明商人做人的方向。

要经得起商业失败和挫折的折磨,不因为暂时的困难而心灰意冷或沉沦绝望,只有把失败和挫折当做成功一部分的人,才算是真正理解商业成功的人。

星期五
大　气

胡雪岩行事,只要有所值,钱财、女人之类,谈笑之间,便易于他人(现代商人不可依样画葫芦,不知变通)。唯其如此,人才乐于与之交往,生意才得以大胜。

笔　记

胡雪岩经商舍得付出,这是人所共知的。这种慷慨大方出自两个原因:一是为商业赚取利润的目的;二是与他个人生性大方有关系。

胡雪岩的大气不仅在于舍得付出大把的银子,甚至还有自己心爱的女人。这是中国古代商业中典型的"宁舍一朵花,抱得万锭银"的思想。例如,杭州地区是他和王有龄苦心经营多年的商业市场,由于浙江巡抚黄宗汉要被调离,由谁来继任的问题直接关系到胡雪岩商业根据地的成败,他经过反复思虑,认为江苏学政何清桂接任浙江巡抚最有利于自己商业发展,于是主动送大量的银子给何清桂,支持他疏通人际关系,为了笼络何清桂的心,他煞费苦心地把自己最宠爱的小妾阿巧也送给了何清桂。最终打通了他和未来浙江巡抚何清桂之间的关系,保证了自己浙江地区商业经营的政治环境。

行动指南

注意培养慷慨大气的个人气质,以此树立在商界的崇高形象,最终实现征服商业竞争对手的目的。

第三周

重金买贤能

　　每次发现一个对自己有用的人，总是极力给予好处，把他收买过来，为自己所用，即便是对那些别人看起来只会带来麻烦的人，他也同样如此，而且敢于出钱，大不了所用非人，把自己所费的心血付之东流。

笔　记

　　胡雪岩的用人之道往往被许多人简单概括为以金钱铺路。这种说法既有合理的一面，也有不客观的成分。

　　一方面，好的人才需要给予优厚的待遇，这是为什么需要金钱铺路的重要原因。一个人表现优秀，当然需要获得更多的待遇，其中不仅有物质上的奖励，还有精神上的尊重。胡雪岩深知金钱对于人的诱惑力，他看中的人才就不惜重金去请，这种金钱外交往往马到成功。另一方面，花费重金请人才并不等于只要舍得花钱就能找到贤能之人，往往需要用人者具有敏锐的人才辨别能力，因为人的才能往往因为环境的改变而呈现巨大的差异，换言之，在用重金请来之前的人才，到了自己的店面以后很可能是碌碌无为。同样，一个目前看起来无能的人，很可能到了另一个人的手下就成了人才。为此，需要用人者保持良好的心态，既要舍得花钱，同时不要一相情愿地认为只有把钱花在所谓的人才上才算是值得。胡雪岩以个人的智慧和眼光，常常资助那些非常落魄的人，而后来正是这些落魄之人的飞黄腾达，并对胡雪岩的感恩回报，成就了胡雪岩的大事。这正是重金买贤能的另一个内涵价值。

行动指南

　　不仅要在那些已经显示出才能的人身上舍得付出重金，同时，更要善于挖掘和发现那些目前落魄但日后必定成大事的潜在人才,对后者的重金付出,才是重金招纳人才的最高境界。

星期二

钱用在刀口上

胡雪岩用钱有一套,既非拿钱当泥沙的糊涂蛋,也非拿钱当性命的小气鬼,当用则用,全用在刀口上。

笔　记

把钱用在刀刃上,这个道理谁都明白,但究竟怎样用才算是用在刀刃上,这个问题就比较复杂了。胡雪岩帮助王有龄的心态,也许可以给我们很好的启示。

由于胡雪岩主动赞助王有龄去京城跑官的五百两银子,并不是他自己的,而是从东家的店里挪用的,所以,作为被帮助的朋友王有龄,当然要担心胡雪岩这样做的严重后果,所以他迟迟不愿意接受胡雪岩的帮助。而胡雪岩的回答非常令人佩服:"吾无家只一命,即索去无益于彼,而坐失五百金无着,彼必不为。请放心持去,得意速还,毋相忘也。"这就是说,我不过是光棍一条,要钱没有,要命一条。这些钱对于我而言并不足以改变我的命运,而对你就不一样了,因为它可以改变你的人生。

胡雪岩的这番话常常被人理解为故意向王有龄卖好,其实不然。胡雪岩在挪用东家五百两银子之前当然明白这样做的后果,但他执意如此,不仅仅在于他生性豪爽慷慨,还在于他以个人的智慧准确地判断出眼前落魄的王有龄将来一定会"升值",这就相当于用自己被砸掉的饭碗换取了一个未来升值的"潜力股",这笔买卖对于他而言是尽赚不赔的,帮助王有龄就是把钱用在刀刃上。

今天,许多商家也常常乐于帮助他人,但往往缺少这种预见的能力,抛出去的钱虽然很多,但得到的回报却往往不尽如人意。这就是钱没用在刀刃上,以及缺少如何才算用在刀刃上的判断能力的证明。

行动指南

不在于是否具有帮助他人解救困难的品质,而是能否敏感地捕捉和发现他人最需要帮助的时机,让自己的帮助能够在回报上实现最大化。

星期三

两面占便宜

世上随便什么事,都有两面,这一面占了便宜,那一面就要吃亏。做生意便是如此;买卖双方,一进一出,天生是敌对的,有时候买进占便宜,有时候卖出占便宜,会做生意的人,就是要两面占它的便宜,涨到差不多了,卖出;跌倒差不多了,买进,这就是两面占便宜。

笔 记

胡雪岩的这番经验之谈,可谓经典。其经营之道可以从如下两个方面加以说明。

一是占便宜和吃亏是明显相反的两个极端。做生意谁都想占便宜,但如果你占了便宜,必然意味着有人要吃亏,反之,当你吃亏的时候,别人就从中占到了便宜。这意味着商业市场规律是一个动态守恒的状态,当你进入这个市场的时候,你就必须遵守这个规律。所以,不能总想着赚钱,总要遇到失败吃亏的时候。

二是生意人要学会利润空间的最优化、最大化。商业贸易意味着买进和卖出。买进在最低的价格、卖出在最高的价格之时才可以实现利润最大化。为此,需要商人养成一种判断市场发展的应变能力,能够在商品即将跌入低谷的时候买进,在商品即将升到最高点的时候卖出,这样一来,就可以两面占便宜。

不可否认,胡雪岩此说多少有点理想主义的成分,因为在现实中往往无法实现这种理想的状态。但尽可能地实现利润空间的最优化无疑是商业经营成功与否的标志,也是能否扩大再生产的基础。从这个方面来说,胡雪岩的经商思想还是有现实的借鉴意义的。

行动指南

善于发现和判断"两面占便宜"的时机,实现利润空间的最大化。

星期四

失小得大

有得必有失。商人为事,就在于如何做到失小得大,失少得多。

笔　记

　　胡雪岩在创办阜康钱庄的时候,为了消除信和钱庄的疑虑,他特地召集商界同行声明:阜康钱庄的业务不会挤占包括信和钱庄在内的任何其他同行的生意,而是另外开辟业务门路,此前一直由信和钱庄经营的浙江海运局钱款,阜康绝不染指。胡雪岩这个声明是失小得大经商理念的典型体现。

　　一方面,他第一次涉足钱庄生意,面临最大的困难并不是客户的多少,而是钱庄同行对他的顾虑和排斥,为此,必须消除同行对他的敌视态度。而能够消除同行敌视态度的最好办法,就是要舍得牺牲唾手可得的商业利润,依仗他和王有龄的私人关系,浙江海运局的钱款生意本来可以由阜康钱庄经营,如果这样做,虽然可以赚取一定的利润,但从长远来看,将有可能失去同行的支持。

　　另一方面,胡雪岩没有去挖信和钱庄的墙角,看起来损失了一定的利润,但却得到了信和钱庄的感激和信任。而此后胡雪岩在和政府做交易的时候,并不是完全凭借个人资本的雄厚才得以成功的,没有同行联合起来为其筹集资金,他是不可能成功的。在这个意义上,他眼前损失的利润,其实在后来得到了更大的回报。

　　今天,"失小得大"常常被许多商人挂在嘴边,但真正在生意经营中坚持做到的往往并不多见,至少很多经营者是被迫或者非常违心地去实践,即使能够凭借此方法成功,也注定是一种侥幸。

行动指南

要把失小得大作为一种信念来坚持,而不是仅仅作为一种纯粹功利性的手段,只有心甘情愿地实践这个经营理念,才能确保最终获得更大的收获。

星期五

不计得失

自我得之,自我失之,本来也无所谓。

笔 记

为了获取最终的商业成功,胡雪岩往往不惜成本。这固然是一种经商的魄力和勇气,但如果仅仅把这个理解为一种不怕死的冒险精神,那就过于肤浅了。

胡雪岩之所以敢于不计成本地冒险,从最根本上说来自于他对利益得失的深刻认识。"自我得之"的深刻涵义就在于指出商人获得的利润本来就来自于他人,只不过是由经营者暂时获得而已,换言之,如果我不去做这个生意,这笔财富同样要被其他人获得。因此,由谁来获得财富并不是最重要的,关键在于这笔财富被任何商人赚取都是正常的事情。

辛辛苦苦赚来的钱财因为某种原因失去了,看起来令人痛心,其实,如果这笔钱不从你身上失去,最终还要从其他商人身上消耗掉,正如同每个商人得到利润都正常一样,同样,钱财从每个商人身上失去也是非常正常的事情。此所谓"自我失之"的内在涵义。

胡雪岩从取财和失财两个方面分析了应该对待钱财应有的态度,如果概括起来,大概可以这样说:得到钱财固然可喜,但失去钱财也并不可悲。因为钱财本来就是身外之物,此所谓"本来也无所谓"的涵义吧。

现实生活中,能够做到胡雪岩所说的又有多少人呢?这并不是要求商人们能够泯灭悲喜情绪,而是验证了我们身边太多的商人其实并没有真正领会商业赚钱之道,尤其是并不懂得赚钱和亏本都属于"本来也无所谓"的事情。

行动指南

　　对待利润的赚取和失去，要做到平静的心态对待之，不要因为赢利或损失而狂喜或绝望，在保持对金钱执著追求的同时，并不把损失作为商业经营的必然失败，而是当作商业正常活动的一个内容。

吃亏是福

吃了亏要学乖。

笔 记

"吃亏是福"的观念在中国民间流传甚广。胡雪岩在"吃亏是福"的基础上，创造出来的"吃了亏要学乖"就是一例。其要义有如下两点：

一是经商总会遇到吃亏的情况。经商的目的固然为了赚钱，但不可能永远只赚不赔，赚钱和吃亏，这是商业市场规律的必然，需要每一个经商者对此抱有心理准备。

二是经商吃亏了要学会吸取教训。中国古语云：吃一堑长一智。西方古语云：人不能两次踏进同一条河里。人必定遭遇到挫折和失败，这其实是一种社会常态，成功的人并不意味着从来不失败，而是说他们善于通过缴第一次学费之后，获得宝贵的经验和教训，做到了不再第二次缴学费。反之，失败人不是因为他们遭遇到挫折，而是从来不能从挫折中获得教训，永远重复同一个错误。为此，胡雪岩告诫人们经商失败并不可怕，可怕的是吃亏了还硬撑着，认为自己没错，这就是不学乖的表现。

在信息全球化的今天，商机稍纵即逝，任何商业经营者都没有资本挥霍宝贵的时间，这就意味着尽量少犯错误，或者在犯错误之后不能重蹈覆辙，应该学会吃亏了学乖，而不是无知地蛮干、硬干。

行动指南

在复杂的商业竞争面前，不是保证自己不犯错误，而是保证错误只能犯一次。

星期二
赢 长 久

偷奸耍滑只能赢得一时之利，却无法长久盈利。

笔　记

胡雪岩创办的胡庆余堂一向以信誉著称，从来不做偷奸耍滑之事，在当时国内药店行业中颇具威信。

据《胡庆余堂雪记丸散全集》的序言云："大凡药之真伪难辨，至丸散膏丹更不易辨！要之，药之真，视心之真伪而已。……莫谓人不见，须知天理昭彰，近报己身，远报儿孙，可不敬乎！可不敬乎！"由此看来，胡雪岩把做生意不偷奸耍滑作为药店经营之本。

但是，现实中为什么总会有那么多的商人喜欢偷奸耍滑呢？并不是因为经营者不知道这样做的后果，而是通过不正当手段经营可以获取相当丰厚的利润，换言之，在巨大的商业利润诱惑下，人们往往抱着侥幸的心理去冒险。胡雪岩创办的药店本来可以偷工减料，但他坚决不愿意这样做，并不是他不愿意赚取眼前的利益，他当时急需资金进行扩大再生产，他看到的是，如果为了赢得一时之利，那么后来将无法长久地盈利，为此，他权衡利弊，采取了舍末逐本的办法，这是非常有远见的。

今天，许多商人往往效法胡雪岩的做法，努力不在经商中偷奸耍滑，也获得了良好的信誉，但最终不能坚持到底。在利润的诱惑面前，还是晚节不保，说到底，他们没有权衡好更大的利润和长久的利润之间的关系，忘记了商业经营中的一个基本道理：钱是永远赚不完的，但店面名声一旦栽倒则是很难东山再起的。

行动指南

借鉴胡雪岩不计一时利益的商业理念，坚持长久盈利的思想，不仅要做到小恩小利面前不动摇，更要做到大恩大利诱惑下如果有损长久盈利也不动摇。

星期三
通扯算账

做生意有赚有折,要通扯算账。

笔 记

胜败乃兵家常事,这句古语常常被用来安慰那些打了败仗的军官将领,让他们重新鼓起战斗的勇气,唤醒内心的自信。其实,军事斗争如此,商业竞争也如此。

胡雪岩说做生意有赚有折,显然并非胡雪岩经商独创,但其对胡雪岩商业成功的影响可谓意义重大,其中要义在于:

一方面,从生意个体的层面而言,胡雪岩说做生意有赚有赔指的是一个人经营的商业不可能总是一帆风顺,总会有起有落,为此,需要从生意经营的整体运行状况来算账,把低谷时期的商业经营状况纳入整体,以此判断生意经营是否赚钱。

另一方面,从一个人生意经营的范围而言,一个商人往往经营多种行业,这个生意赚钱,那个生意赔本,既不可能所有生意全面开花,也不可能全面赔本。因此,精明的商人要把握自己手中生意的整体经营状态,努力实现相得益彰。

胡雪岩涉足的行业可谓五花八门,钱庄、药店、典当、生丝、粮食、军火……他在开办之初就对手下人说,有的并没有多大的利润,例如典当行,但他仍然坚持经营,不仅为了方便百姓,还在于他把摊子铺开造成一种声势,在社会上树立了实力雄厚的形象,虽然有人指出胡雪岩最后的失败也与摊子铺得太大有关系,但他通扯算账的思想还是具有积极借鉴意义的。

行动指南

对于经营利润,既要通盘考虑,不以其间暂时的赚钱或赔本为依据,又要从经营行业所有层面上加以考虑,树立经营利润的大局观念。

星期四
自己少赚

我愿以钱庄出面，放宽给前辈作购粮资本，兄弟可摇船到乡间收粮，海运费用兄弟们可享受其半，布置一下如何？"只是先生便少赚钱了。"

笔　记

自古以来，江浙一带是中国最富庶、商业最发达的地区。当地人在数千年的商业生产活动中，积累了丰富的商业经验，这些对于胡雪岩的经商思想起到了很好的启示作用。

"前半夜想想自己，后半夜想想别人"，这是一句在江浙地区非常流行的俗语，胡雪岩巧妙地借鉴了这个经验，在商业经营中坚持自己少赚，让利给大家。

当时，胡雪岩钱庄生意正如日中天，可谓财大气粗，胡雪岩又开始把眼睛放在漕运上，但进军这个行业就意味着抢其他从事漕运行业同行的饭碗，必然引发同行的激烈反对，即使同行出于对他经济实力和政治背景的忌惮，敢怒而不敢言，但也无法保证这些人背后不会使用阴招算计他。因此，如何安抚这些人同时又能让自己顺利进军漕运，无疑是摆在胡雪岩面前的当务之急。为此，胡雪岩抓住这些商贩资本小、底子薄的漏洞，主动提出以自己钱庄出面，贷款给同行，让他们到乡村去收购粮食，而费用则由他承担一半。这样就把那些实力不济的同行们笼络在自己的手下，既保证了他们有一个饭碗，可以安心经营自己的生意；同时，也在贷款和运输中赚取了部分利润。而最重要的则是保证了整个江浙地区粮食市场秩序的稳定，因此，从表面上看，虽然胡雪岩少赚了，但从深层上说，他不仅赚取了在同行中的好名声，还牢牢地把那些实力较弱的商户控制在自己的手下，可谓一箭三雕。

行动指南

追求商业利润的最大化，但并不以榨取同行的利润为代价，为了巩固和建立稳定的商业利润大市场，必要时应该牺牲自己的部分利益，以换取弱小竞争者的生存空间。

星期五
大舍大得

商人为钱，钱能害性，我这一辈子，不怀念挥金如土之日，而怀念少时几文钱买锅，喝水酒之日。

笔　记

胡雪岩传奇般的经商经历，留给后人的实在太多，当我们以不同的眼光看待胡雪岩的时候，会得出不同的判断。如果羡慕胡雪岩享尽人间荣华富贵、妻妾成群，那么，你眼中的胡雪岩就是一个腐败透顶的人；如果用利欲熏心、贪恋功名去解读胡雪岩，那么，你眼中的胡雪岩则又是一个奸诈狡猾、心机重重的奸商；当你怀着对胡雪岩从一个学徒成长为一代巨富的崇敬心情去接近胡雪岩之时，你会看到一个刻苦勤奋、机智过人的商人。

但是，这并不等于说胡雪岩就是一个怎么说都行的"变形金刚"。综观胡雪岩的一生，有一点是始终贯彻他的商业之道的，那就是他舍得付出、热爱金钱但不做守财奴，这种商业理念使得他在做生意的时候，表现出非常灵活的一面。

大富大贵之后的胡雪岩固然挥金如土，但他内心并不平静，在经历了太多的刀头舔血、惊心动魄的商业竞争之后，他逐渐领悟到人生真正的快乐也许并不是挥金如土的享受，而是年轻时候几文钱买水酒喝的日子。其中固然有怀旧感伤的味道，但也从一个方面说明了他为取得成就付出的巨大艰辛。

行动指南

借鉴胡雪岩大舍大得的商业思想，不要因为贪恋钱财而掩盖了生命的本色，要把握年轻时候创业的激情，以此激励自己创造更多的价值和财富。

十月

机　遇

第一周

本事和机会

有本事还要有机会；机会就是运气。一个人要发达，也要本事，也要运气。李广不侯，是有本事没有运气；运气来了，没有本事，不过昙花一现，好景不长。

一个人如果很想有所成就，一半靠本事，一半靠机会。

笔 记

西方社会有句经典名言："机遇只垂青于有准备的头脑。"意思是一个人要善于抓住机会，如果没有真本领即使机遇再多也是没有用的，只有那些有真才实学的人才可以抓住机遇。言下之意，具有本事比机遇更重要。中国也有类似的句子，例如"是金子总会发光的"。

事实果真如此吗？胡雪岩的"一半靠本事，一半靠机会"的经商观念，给我们看似相同但本质并不一样的启示。

胡雪岩充分肯定了做生意要成功必须具备真本事和好机会的思想。因为具备真本领是做生意的"硬件"，这既是胡雪岩的经验之谈，也是数千历史积累的集体智慧。从商人的鼻祖陶朱公到红顶商人胡雪岩，中国无数成功的商人都是用自己聪明的头脑、高妙的计策、过人的魄力开创了自己的成功之路，没有哪一个资质平庸的商人仅仅凭借好的机会而最终成功的。在这个意义上，胡雪岩说"一个人如果很想有所成就，一半靠本事"，无疑是非常正确的。

然而，胡雪岩对机会的认识高人一等，在胡雪岩看来，机会和本领是同样重要的，两者之间并不存在哪一个更重要的比较，这和传统认为真本事比机会更重要的观点是截然不同的。胡雪岩是有才能的人，他的成功除了依仗过人的智慧，当然离不开几次重要的机会。

今天，许多商人往往把两者对立起来，要么固执地认为只要是金子总会发

光,从来不去主动创造、寻找、把握机会,往往落得怀才不遇,愤世嫉俗;要么偏激
地投机取巧,挖空心思找机会,忘记了自身能力的修炼和提高,最终逃脱不了被
社会淘汰的悲剧。这正是我们需要反思的地方。

行动指南

事业成功必须把本事和机会同等对待,既不要偏重于所谓的真本事,贬低机
会对成功的作用,也不要偏重于机会,而忽略真本事的修炼。

星期二
机会在眼中

做生意看机会。市面不好,也是个机会;当然,这要看眼光,看准了赚大钱,
看走眼了血本无归。

笔　记

商人要善于发现商机,这是经商成功的硬本领。但好机会并不是那么容易
分辨的,往往隐藏在复杂的社会万象中,甚至以一种令人担忧的面貌出现,这就
需要商人特别的眼光。

胡雪岩依靠王有龄把生意做大做强,这是人所共知的事情。但天有不测风
云,1862 年太平军围攻杭州,负责守卫的王有龄因弹尽粮绝被迫自杀。这次意
外的变故,对于胡雪岩的打击是巨大的,因为他从此失去了经商最重要的靠山。
而就在此时,另一位清朝大员左宗棠负责统兵收复江浙地区,但左宗棠对胡雪岩
的印象非常差。在一般人看来,如此局面对于胡雪岩而言,不仅算不上什么机
会,简直就是一场灾难,属于典型的"市面不好"。但胡雪岩以过人的智慧发现了
市面不好中蕴藏的机会。一方面,他看准了左宗棠并不是铁板一块,还是有很多
弱点可以攻克的。于是胡雪岩立即拜见左宗棠,在左宗棠根本就不想理睬他的
情况下,经过自己的一番言辞鼓动,居然把左宗棠说得心服口服,不仅一扫以往
对胡雪岩的恶劣印象,反而对其另眼看待。另一方面,他看准了左宗棠连续征

战,粮饷无法接济的困境,主动提出愿意帮助左宗棠筹集粮饷,结果大大帮助了这位清朝大员。由此奠定了胡雪岩和左宗棠私人感情的基础。

胡雪岩能够在其他人看来不是机会的情况下,发现和创造机会,正是依靠他如此独特的眼光,才能够在市面不好的情况下成功地化解了眼前的危难,并且开始了"后王有龄时代"的创业复兴之路,这对今天的商人足以警醒振奋。

行动指南

借鉴胡雪岩"市面不好也是机会"的思想,善于从不利情况下发现和创造有利于发展和成功的机会,变不利为有利。

星期三
机遇和时局

我经商之所以比较顺利,是因为我能把机遇和时局结合起来。

笔 记

胡雪岩经商比较顺利,确实是他把机遇和时局结合起来的结果。以他开钱庄为例,众所周知,钱庄生意在本质上就是做两件买卖,一是吸收存款,二是向外借贷。想让钱庄赚钱,就意味着尽可能多地吸收存款,同时以更高的利息向外贷款。但胡雪岩最初涉足钱庄生意之时,不仅资本实力非常有限,而且声誉也不高。这无论对于吸收存款还是向外放贷都是致命的缺陷。

胡雪岩在生意经营上善于把机遇和时局结合在一起。当时太平军和清政府激战正酣,而根据胡雪岩的判断,太平军无法坚持到最后的胜利,于是,胡雪岩就把生意对象扩大到太平军和清政府的普通士兵,以极其优惠的条件吸引他们把钱存在钱庄,这不仅吸收了大量的资金用于放贷,而且,随着太平军最后的失败以及清政府的重新控制江浙局势,他创办的钱庄的地位和声誉获得了社会最广大民众的普遍支持和赞誉。在战事停止之后,胡雪岩的钱庄生意立刻获得了巨大的发展。

　　和平时期的商业机遇同样和时局联系密切,如何在平静的社会形势下把握机会,这同样是摆在每一位现代商人面前的难题。

行动指南

　　借鉴胡雪岩"把机遇和时局结合起来"的经商理念,不仅把个人经营的生意与国内环境联系起来,还要与世界政治大环境结合起来,善于捕捉、发现、创造时局发展变化下的商业机遇。

星期四

乘势而行

　　我再跟你讲办大事的秘诀。有句成语,叫做"与其待时,不如乘势"。许多看起来难办的事,居然顺顺利利地办成了,就因为懂得乘势的缘故。

笔 记

　　经商成功离不开好的时机,但时机并不是人为因素可以控制的,它往往受到外在社会条件的影响。这就意味着一个商人在做大事的时候,摆在面前的绝不可能永远都是好时机,常常遇到不好甚至恶劣的状况,那么,我们究竟是等待好时机的来临,还是根据目前时局变化特点,因势利导,乘势而行呢? 胡雪岩借用中国一句俗语"与其待时,不如乘势",让我们领略了他高明的商业经营理念。

　　"乘势"并不是盲目地硬闯蛮干,而是根据现实局势形势变化,寻找到适合自己成功的切入口。胡雪岩看准了当时太平军必将失败的时局形势,积极主动地和清政府联系,为其筹备粮饷,通过这样的商业活动,胡雪岩逐步把不利于经商的形势扭转为驾驭时局、乘势而进的大好商机,不仅获得了清政府对自己的信任,还赚取了大量的银子,这就是典型的"与其待时,不如乘势"的道理。

　　今天,许多商人抱怨没有好的商机,或者说生意难做,其实,消极等待好时机的做法,不能给自己的生意带来任何好处,只有学习胡雪岩经商中的"乘势"理念,正面当前形势,创造时机,才是经商成功之本。

行动指南

要善于把握好的时机,没有好商机的情况下,要学会认清和判断时局变化,然后乘势而进,利用未来时局变化的趋势,为商业成功创造一片天地。

星期五
眼光锐利

做生意,既要有远大的眼光,又要有锐利的眼光。有远大的目光,才能从长远和大局考虑问题,而不是鼠目寸光,或步人后尘;有锐利的目光,才能审时度势,准确把握市场动向,将天时、地利、人和汇于一身,生意无有不成。

笔记

胡雪岩的"要有锐利的眼光",在我们今天看来,至少包括以下三个方面的要义:

一是做生意眼光要"准",就是能够对当前生意发展的动态做出准确的判断。例如,胡雪岩在进入药店生意之前,就认识到连年的战争,必将导致大量医疗患者的出现,做药品生意必定有巨大的消费市场。果不其然,他的胡庆余堂开办之后,生意极其顺利,成为他商业资金积累的一大支柱。

二是做生意眼光要"远"。在胡雪岩看来,仅仅看准形势还不够,还需要目光长远,能够具有预见性,看到未来时局发展的变化动向。例如,他后来投资军火生意,这对于当时国内商人而言,具有极大的前瞻性和预见性。一般的商人不仅不敢如此,而且,也看不到军火生意背后隐藏的巨大利润和市场。这就是胡雪岩高人一等的一个重要表现。

三是做生意眼光要"透"。胡雪岩经商能够审时度势,透过外在纷乱的社会表象,深入到骨髓。他在做钱庄生意之前,就看到了吸收零散资金的重要价值,坚持吸收弱小的储户,包括太平军和清军中的普通士兵,大户人家的小姐、太太,不仅为自己钱庄赢得了名声,还逐步吸引了更多的大储户,这是一种"透"的生意功夫。

行动指南

借鉴胡雪岩眼光锐利的经营之道,注意做到目光长远,不盯着眼前的一点点利益而忘记更多的机会;不被市场万象迷惑头脑,而是看未来的发展趋势。

第二周

星期一

把握大方向

做生意、办事情,贵于盘算整个局势,看出必不可移的大方向,照着这个方向去做,才会立于不败之地。

笔 记

凡事皆有轻重缓急、大小主次,要抓住主要问题、重要问题,把握整个时局的大方向。

把握大方向首先需要一个人精确的判断能力。事无巨细,泥沙俱下,所有的问题都在一瞬间出现在一个人的面前时,能否从中发现和甄别出哪些是控制全局的大问题、大方向,并不是一件容易的事情。

洪秀全领导的太平天国运动给当时清政府巨大的打击,江浙一带商业几乎完全失序,这对于当时商业正处于上升期的胡雪岩而言,打击是巨大的。但胡雪岩并没有因此而乱了阵脚,他把握了帮助政府、联合洋人、维护地方的大方向,所有的商业经营都围绕这个思路进行,从而在混乱不堪的时局下,不仅保护和维持了自己商业的正常活动,还使得自己的生意越做越大。

因此,并不是有人不愿意把握大方向,而是根本就分不清哪些是大方向,这才是问题的关键,像胡雪岩这样聪明绝顶的商人,就属于能够在任何复杂情况下都可以通过发现、把握大问题、大方向从而站稳脚跟的智者。相反,那些忙忙碌碌、整日凡事缠身、疲惫不堪的商人,虽然比谁都辛苦,但往往无法取得巨大的成功,从认识能力上说,就在于缺少把握主要问题、大方向的能力。

行动指南

首先在繁琐的事务中判断出哪些是主导全局的大问题,然后能够做到把握大方向、大问题,而不是身陷无关紧要的琐事之中。

星期二
识 潮 流

人要识潮流,不识潮流,落在人家后面,等你想到要赶上去,已经来不及。

笔　记

　　时间不等人,商机更不等人,商业竞争瞬息万变,一着不慎满盘皆输。如何在迅猛如潮的商业竞争面前,保持清醒的头脑,跟上时代节拍,无疑是成功商人应具备的基本素质。胡雪岩的成功经历告诉我们,商人应该具有认识潮流的本领。

　　胡雪岩所说的潮流并不是商业市场的表面现象,而是商业发展的内在规律。胡雪岩开办钱庄,这是符合当时潮流的,究其原因,并不在于当时国内商人纷纷投资钱庄,而是就当时中国社会发展的现实状况而言,钱庄的出现已经成为历史必然趋势,而且,在以后的社会发展中,钱庄的地位日趋重要。正是因为看准了这一点,胡雪岩才会把所有的积蓄都投入到钱庄生意上去,这就叫做认识潮流。

　　跟着潮流的关键问题并不在于大家都这样做,而是将来必然这样,这当然需要一个人突出的辨别能力。大凡成功的商人,在商业经营上无不出奇制胜。其实,所谓的"奇"只不过是当时大部分商人都没有意识到,于是很少有人这样做,而一旦时机成熟,这个行业成为社会发展必然的时候,最早涉足此行业的商人,就控制了掌握市场主导权,从而掘得了第一桶金。

行动指南

　　辨别出哪些行业符合未来社会发展的必然趋势,虽然目前尚不成熟,但经过市场培育,最终抢占这个行业在市场中最早的经营权。

星期三
再狠也不能不看潮流

天外有天，人外有人，再狠也不能不看看潮流。

笔　记

胡雪岩这里的"狠"指的是一个商人因为财大气粗、实力雄厚而敢于不根据市场行事。从表面上看，这句话说的是做生意要看潮流，但在本质上却并不如此。

众所周知，胡雪岩通过钱庄生意发家，迅速把生意经营范围扩散到药店、典当、军火、漕运等各个方面，在当时的中国，其实力雄厚几乎无人能比，虽然不能说是富可敌国，但无论是左宗棠收复新疆，还是清政府镇压太平军起义，如果没有了胡雪岩的经济支持，至少要费很多的周折。按理说，凭借这样的经济实力，胡雪岩已经控制了国内商业市场经营的话语权和主动权，用今天商业经营的术语来说，胡雪岩已经具备了垄断市场的能力。只要他愿意，他可以凭借自己的实力把市场中的弱小商户彻底击溃，以实现自己利润的最大化。

但是，胡雪岩并没有这样做，他把个人商业经营置放在整个市场运行的框架内，以一般商人少有的忍耐和坚韧去经营。例如，他本来可以借助王有龄的私人关系，把浙江海运局的钱款全部纳入自己的钱庄生意中，但他并没有这样做，而是主动向原来做海运局存款生意的钱庄老板声明，自己开办钱庄之后绝不染指海运局一点的生意，以此取得了其他商户的信任。胡雪岩的做法就是看准了当时钱庄在国内发展的潮流，认识到必须依靠政府支持，但绝不能利用政府击垮其他商户，而是保留钱庄行业在国内市场的自由竞争趋势。

行动指南

充分利用外来的各种条件发展生意，但绝不会借助外来因素或依仗自己雄厚的实力扰乱市场发展的正常规律。

星期四
辨清时局

这几年洋务发达，洋人带来的东西不少，有好的，也有坏的。

笔　记

在清政府的国门被西方坚船利炮打开之后，洋人对华贸易成为西方社会对华经济侵略的重要手段。早期的鸦片贸易就是其中重要的内容。由于类似鸦片贸易这样赤裸裸地侵害中国人的贸易方式遭到国人的强烈反对，如何巧妙地榨取国人的财富，同时又能迷惑国民就成为西方列强对华贸易的新方式。

胡雪岩作为一名商人不可能放弃商人重利的宗旨，但这并不妨碍他在盈利的同时，具有爱国的思想。他属于那个时代最早和洋人做生意的商人，这样做的目的当然在于赚钱，但他绝不会因为赚钱而出卖自己的国家。所以，他对洋人的商业贸易本身就带有赚取洋人利益的爱国思想。

不仅如此，胡雪岩能够在当时洋务风行中国的大潮面前，始终保持清醒而冷静的头脑，善于区别洋人带来东西的好坏。在当时清政府一味以投降献媚为能事的情况下，一个普通的商人能够保持如此节操，其价值当然要超出一般的商业盈利层面，而具有更高的爱国意义。胡雪岩在和洋人做生丝贸易的时候，在情感上几乎完全出于要把洋人贸易制服的倾向，虽然最终失败了，但这种精神无疑是值得今天许多一味投机敛财、不顾国格人格的商人借鉴和反思的。

行动指南

对待外来商品要保持理性的头脑，不要被外来商品华丽的包装、诱人的功能所迷惑，要警惕西方商品贸易中的经济入侵和文化殖民。

星期五
付诸实践

这不是一句话可以说尽的,贵乎盘算整个局势,看出必不可易的大方向,照这个方向去做。才会立于不败之地。所谓"眼光",就要用在这上头。

笔 记

经营者应该具有超出一般人的识别能力,能够准确地对当前未发生,但是将来必定发生的商业形势作出及时的判断。综观胡雪岩涉足的几个行业,从军火到生丝,无不在一般人尚未预见到其利润的时候,抢先下手,从而成为国内最早抢占市场份额主导权的商人。唯其如此,他对商人必须具备看出必不可易的大方向推崇备至。

看到别人没有看到的领域,接下来就是能够"照这个方向去做"。及时发现和判断未来商业走势,仅仅是商业成功的前提,能否真正把这种眼光运用到实践中去,才是至关重要的一步。按理说,既然发现了未来商业发展趋势,还能有不去做的吗?在当时中国商界,这样的情况并不令人匪夷所思,因为光预见到未来趋势在当下是不能带给商人任何现实利润的,这就需要考验商人眼光长远的能力,以及敢于开拓进取的精神。胡雪岩能够预见的许多商机,并不是当时其他商人发现不了的,而是许多人发现了,但是因为瞻前顾后或者畏首畏尾而不敢跨出这一步,因此,再好的眼光,如果不能付诸实践,依然一无所获。

今天,我们许多人把胡雪岩的成功归结于他过人的智慧,这固然是正确的,但难道当时其他商人都是笨蛋吗?并不如此。就眼光而论,胡雪岩不仅眼光看得远,还敢于付出实践,敢于行动。这当为今天商人反思。

行动指南

不能只停留在思想的巨人、行动的矮子上,在以敏锐的眼光发现了市场走势之后,能够以过人的胆略和魄力,勇敢地迈出投资的第一步。

星期一

造就局势

官场和江湖有嫌,洋人和官府有隙,胡雪岩却要他们前嫌尽弃,沟壑尽平,大家携手来做生意。

笔 记

胡雪岩经商的精明之处体现在许多方面,其中一个令人叫绝的经营理念是,他从来不把做生意局限在商业领域内部,而是积极造势,营造整个利于商业发展的大环境。

一方面,政府和地方、洋人之间的嫌怨和隔阂看起来和商人无关,其实,无论是政府还是洋人都控制着商人的生存空间。只要政府和洋人不高兴,就可以轻而易举地把商人扼杀在摇篮里。虽然政府需要商人的支持,但这种需要也是在一定的范围内的,尤其是以商人不要触犯政府的利益为前提,因此,聪明的商人应该顺应政府和洋人的局势变化,而不是制造他们之间的嫌怨,这是胡雪岩坚持化解政府、洋人、地方商人之间嫌怨的出发点之一。

另一方面,利用政府、洋人和地方商人之间的嫌怨固然可以从中渔利,但这种利润的赚取是非常有限的,而且并不长久,只有把三者的矛盾都化解了,才能形成一个有序的商业大市场,在这样的环境下经商,不仅可以自由展示商人的才能,还可以创造出许多新的商机。这是胡雪岩坚持"多管闲事"的另一个重要原因。

胡雪岩在联合地方其他钱庄的过程中,成功地化解了地方与政府之间的敌对状态,以及国内和洋人之间的排斥局面,形成了一个以自己为领导的地方势力联盟,与政府、洋人紧密地联系在一起,从而把生意的影响力进一步扩大到了中央政府和对外贸易的层面上,实现了大家携手做生意的"三赢"局面。

行动指南

要积极造势,在政府和外国资本之间灵活斡旋,不去人为地制造地方商人、政府、外国资本三者之间的矛盾,而是积极地缝合三者之间的嫌怨,实现大家携手的"三赢"局面。

星期二
拉广关系

要想市面做得大,自然要把关系拉得广。下次如果有别样要联手的生意,我们另外再找一家。这样子下去,同行都跟阜康利害相关,你想想看,我们的力量,会大到怎样一个地步?

笔 记

清政府为了镇压太平军征集粮饷,由于胡雪岩经营的阜康钱庄的社会影响力和实力,首先被政府选中,让胡雪岩亲自督办浙江地区作战军队的粮饷。但是,胡雪岩个人经营的钱庄实力再雄厚,也无法独自承担起如此庞大的粮饷任务,为此,他必须找其他钱庄联合起来,共同承担起筹集粮饷的任务。按照惯例,面对这样艰巨的任务和如此丰厚的利润,一般人肯定选择和自己私交最好的钱庄共同经营,但胡雪岩没有这样做,他没有选择和自己关系最好的信和钱庄,而是和湖州地区最大的大源钱庄合作,这让所有人都很难理解的一招,正是胡雪岩经营造就局势的精妙所在。因为信和已经属于"自己人",现在需要的是尽可能地扩大自己的联盟,即使他和大源钱庄并没有任何交情,甚至还有同行是冤家的嫌怨,但在利润面前,他成功地说服了大源钱庄,让他们放弃对政府的担心,以及对洋人的嫌怨,终于成功地联手做成了这笔大生意。

胡雪岩这样做的目的就是为了广拉关系,把大源钱庄作为第二个信和钱庄,把陌生的甚至是对立的敌视关系化解为一种亲密合作的盟友关系,这样一步步扩大自己在商业领域中的"龙头老大"的地位,在帮助大家一起赚钱的过

程中,逐步巩固和扩大了自己的实力,使自己成为当时国内商界名副其实的
"带头大哥"。

行动指南

不制造自己和其他竞争者之间的敌对状态,而是把敌对者、竞争者拉到自己
的大联盟中,形成一个联合的利益集团。

星期三
处处是财源

凡事总要动脑筋,说到理财,处处都是财源。

笔　记

胡雪岩说处处都是财源,听起来似乎有点吹牛的成分,但现实中的胡雪岩就
有这样的本领,他通过自己动脑筋,把看起来根本不可能赚钱的行当经营得有声
有色、利润滚滚。

典当行的成功运作就是证明。胡雪岩曾说:钱庄是有钱人的当铺,当铺是
穷人的钱庄。也就是说,开当铺根本赚不了钱,只是一般的营生。据《日京琐记》
记载:清朝同治和光绪年间,仅京城就有典当铺数百家。以胡雪岩的聪明不可
能看不出来开当铺并无多大的利润。但胡雪岩并不这样想,在他看来,第一,天
下混乱,战争频繁,百姓生活根本无法保证,即使稍有点积蓄的富裕人家也难保
破产挨饿,这就为当铺赢利提供了重要的市场前景;第二,当铺利润虽然小,但如
果一次开设多家当铺,就可以实现巨大的利润;第三,当铺生意还在客观上方便
了群众生活,也算是为百姓造福,这样可以为自己其他生意树立好的形象,这是
当铺经营的潜在价值。

基于上述多方面考虑,胡雪岩在杭州开办了自己的第一家典当行——"公济
典",随后在几年的时间里,他迅速扩大典当行业经营,发展到二十三家典当行,
成为当时中国东南地区典当行业的盟主。就这样,在别人眼中根本赚不到什么

钱的典当行业,竟然成为胡雪岩集团中仅次于钱庄生意的第二大经济来源。真可谓是只要动脑筋,处处都是财源。

今天,许多商人感叹生意难做,这句话固然正确,但反过来想想,商机无处不在,生意之所以难做,并不是社会的利润资源已经枯竭,只不过是我们的脑子还没有开动起来,没有发现新的财路罢了。

行动指南

要善于发现和寻找新的利润行业,不仅要从大家陌生的行业中赢得利润,还要从大家认为并无利润可言的行业中变废为宝,通过自己的巧妙经营,获得巨大的利润。

星期四
扭转时局

做小生意迁就局势,做大生意先要帮公家把局势扭转过来。大局好转,我们的生意就自然会有办法。

笔 记

胡雪岩的经商要注意时局的理念,可以从如下两个方面加以分析:

一是顺应局势。这种经营理念强调对时局有非常准确的认识和判断能力,不需要商人过多地介入社会时局中去。例如,胡雪岩经营药店行业,就是顺应局势,因为当时社会战乱不堪,人民生活在水深火热之中,有广大患者需要医药治疗,在这种情况下,开办药店就是顺应时局的发展。

二是扭转局势。胡雪岩进军粮食漕运行业就是扭转时局变化的典型。当时太平军和清政府在江浙一带大战,太平军活动的主要路线是当时的长江沿岸,而长江沿岸是中国东南部乃至整个中国粮食生产的主要基地,大片田地因为战争而荒芜,国内粮食产量锐减,粮食紧缺在当时国内商业市场中非常明显。尤其重要的是,当时太平军和清政府都急缺粮食,谁能够得到充足的粮食供应,对于战争双方的胜败有着重要的作用。胡雪岩审时度势,认为太平军不可能胜利,于是他紧急进军粮食漕运行业,把大批的粮食贩运到清政府手中,用来支持清政府的军事战争,这样大大加速了战争结束的速度,胡雪岩此举无疑是在扭转时局。

今天,从农民起义被镇压的角度而言,我们也许并不赞同胡雪岩支持清政府的行为,但单就商业经营而言,他这种以商业手段控制扭转整个社会局势的做法,对于现代商业发展而言,还是有现实的启示意义的。

行动指南

根据自己生意的大小来决定对时局的态度,如果生意规模小,就应该顺应时局发展,注重培养自己观察、分析时局的能力;如果生意规模大,就应该在判断分析时局的基础上,左右和控制时局的变化,让时局向着有利于自己商业经营的方向发展。

星期五
势　力

势力、势力,力与势是分不开的,有势就有利。商场的势力,官场的势力,我都要。这两样要到了,还不够,还有洋场的势力!

笔　记

胡雪岩的经商要有势力的理念,主要表现在三个方面:

一是商业资本的实力。这是经商的"硬件",只有雄厚的资本才能够在市场竞争中立于强者的地位,尤其在和其他竞争对手强强对话的时候,才敢于摊底牌、硬碰硬。

二是政府的官方支持。这是经商的"软件"。仅仅拥有雄厚的资金实力还是不够的,因为政府控制着一切商人的命运,无论你挣钱再多,实力再雄厚,都无法和整个国家抗衡,所谓"政府一生气,后果很严重",熟谙官场之道的胡雪岩对此坚信不疑。他极力结交政府要员作为靠山,从早期的王有龄,到后来的左宗棠、黄宗汉等人，个个都是清政府重要的官员，他们在胡雪岩危难之时，频频出手相助，这就使得他能够屡次度过商业危机。

三是洋人的势力。这是当时特定社会下经商的"杀手锏"。本来商业经营只要拥有雄厚的经济实力和稳定的官方势力就足够了，但当时中国社会的客观情况则是，清政府极端腐败无能，屡屡受到洋人的钳制，毫不夸张地说，洋人是清政府的太上皇。鉴于这种情况，仅仅结交政府官员还不够，还需要结交洋人，到关键的时候可以搬出来当救命稻草。

胡雪岩的经商要有势力的理念，虽然是当时社会的产物，在今天并非一切照办套用，但他这种把商业经营阵地扩大化，以经济实力为基础，以政府官方为靠山，以洋人势力为照应的商业理念，是非常符合现代商业发展综合因素考虑的理念的。

行动指南

并不局限于积累资本实力，而是以此为基础，积极寻找政府官方的支持，获得比其他商人更大的生存空间，再通过与外资的联系，把本公司的影响力从商业扩展到官方、从国内扩散到国外。

第四周

星 期 一

官洋结合

有了官场与洋场的势力，商场的势力才会大。这官场的势力，将会无人可以匹敌，要做什么生意，无论资本调度，关卡通行，亦无往不利。

笔 记

今天许多人在总结胡雪岩商业成功之路时，比较普遍地认为胡雪岩有官方的力量，才得以在商界纵横捭阖。这种说法固然有一定的道理，因为相比同时代其他的商人，胡雪岩依仗官方势力是显而易见的。但是，如果把他个人的成功完全归结于此，则是不全面的。

胡雪岩的官场和洋人势力结合才可以保障商场势力的思路，至少在客观上符合现代商业管理思想。他善于挖掘和开拓有利于商业拓展的积极元素，例如政府的支持、洋人的势力、同行的联盟等，但他的聪明之处并不是对这些元素简单相加、机械堆积，而是将之形成一个有机整体，使得它们能够积聚更大更多的能量。例如他在涉足军火生意的时候，就贯彻了绝不单纯依赖官方或洋人某一个势力的思想，而是积极在双方势力之间斡旋，消除双方的嫌隙，实现为其所用。

行动指南

要善于发现和创造有利于自身商业发展的条件和元素，更要善于把各种元素有机地整合在一起，实现整体大于部分之和的效果，而不是单一地、零碎地依赖其中的某个方面。

星期二
同心协力

做生意总要市面平静,而市面平静,不能光靠官府,还须大家同心协力。

笔 记

所谓宁为太平犬,不为乱世人。商人虽然要赚钱,但更要生活保命。胡雪岩要求大家同心协力,与当时特定的历史背景是分不开的。

胡雪岩要求大家同心协力还有另外一层重要的涵义,这就是国内商业市场环境的平静并不是政府一方可以完成的,需要全体商人的支持才能创造一个有序的市场。在当时商人们看来,只要政府愿意出力,就可以维护商业市场的平静,但事实并不如此。政府的力量虽然起到决定的作用,但并不是唯一的。尤其是当时清政府在和农民起义军的较量过程中实力已经非常空虚,如果没有商人的支持和帮助,当前的混乱时局会长期存在,甚至更加严重。为此,需要商人们全力协作,在胜负的天平上加上最后一个砝码,这样不仅可以大大加速战争胜利的进程,同时,可以早一天获得安定的政治局面。如此一来,市面自然平静,大家都可以安居乐业。

即使在今天和平时期,我们再次回味胡雪岩的这种宏观商业理念,也不能不为之远见卓识而折服。他在警醒今天的商人,不要以为经商就是赚钱,而要关心和创造有利于市面平静的各种条件。

行动指南

树立商人之间既是竞争对手也是合作伙伴的意识,尤其是在面对市场环境失序的情况下,明哲保身的想法最终毁掉的是所有商人的事业和利益。

星期三
不甘平庸

自己做生意,都与时局有关,在太平盛世,反倒不见得会这样子顺利。由此再往深处去想,自己生在太平盛世,应变的才能无从显见,也许就庸庸碌碌地过一生,与草木同腐而已。

笔　记

中国古代儒家思想告诉人们:达则兼济天下,穷则独善其身。追求兼济天下为己任的士大夫们,经历数千年的文明进程,把这种不甘平庸的思想代代相传,浸入华夏子弟的血脉之中,由此演绎了无数感人的故事。

胡雪岩不甘平庸的商业传奇故事就是其中一例。他从小就有不甘平庸的惊人表现,即使在他做学徒的日子里,虽然每天从事的是倒马桶、扫地、打水这些极其低贱的工作,但胡雪岩的内心一直鼓涌着不甘寂寞的热情。他想做一番大事,足以让家族荣耀,正是在这样的思想情感支配下,当时地位仅为学徒工的胡雪岩,就已经开始为将来成为一代巨商铺路搭桥了。他私自做主把东家的五百两银子借给了怀才不遇的王有龄,并因此被东家扫地出门,流落街头。这种远见卓识并不是一般人能做得出来的,足以见证年轻时期的胡雪岩心怀壮志的伟大。

今天,当我们无数商人纷纷下海从商的时候,也常常听到他们不甘平庸的铮铮宣言,但在他们下海经商失败之后,往往听到他们抱怨现在商业竞争太激烈、生意难做,抱怨生不逢时,无法施展自己的抱负。其实,正如胡雪岩的传奇经历,当时的混乱时局造就了他坚韧、忍耐的性格,成就了他后来的事业,同样,今天残酷激烈的商业市场环境,也可以让一个人更加坚强、富于智慧和创造性。

行动指南

要有不甘平庸的宏远志向,但更要具备在逆境中奋进、磨砺自己意志、提升创造能力的本领。

星期四

提前预知

一旦战争结束，抚辑流亡，百废俱举，那时有些什么生意好做？得空倒要好好想它一想，须抢在人家前面，才有大钱可赚。

笔 记

具有预见性是商人事业成功的重要条件。大凡那些事业有成的商人，无一是反应迟钝、盲目自负之辈。胡雪岩资质过人，其惊人的预见性不仅令同时代商人无法望其项背，即使在今天，也难得有几个商人可与之相媲美。

一次，胡雪岩的好友王有龄率领军队和太平军作战，当时王有龄被太平军围困在杭州城数月之久，城内粮食断绝，甚至出现了人吃人的惨剧。如此情况下，王有龄恳请胡雪岩救济粮食相助，胡雪岩冒死出城，终于弄到一船的粮食，但由于通向杭州城内的所有道路全部被太平军封锁，胡雪岩冒死弄到的一船粮食始终无法运进城内。他只好把粮食运到杭州周边的城市，这对于同样粮食短缺的清政府地方官而言，无疑是雪中送炭，他们要以高价购买，胡雪岩却分文不收，只要求这些地方官，一旦杭州战事平息，他们必须立刻返还同样数量的粮食给胡雪岩。结果，杭州战事平息之后，胡雪岩带着同样一船的粮食出现在杭州城里，救济了全城的百姓，不仅获得了政府的高额补偿，还成为救助杭州人民的英雄。

胡雪岩此举的成功，全在于其卓越的预见性。他之所以把粮食无偿救济杭州周边城市人民，就是预见杭州战事不可能短期结束，而且，杭州战事结束之后，最需要的一定是比银子更重要的粮食，因此，他没有选择高价抛售粮食，而是以偿还同等数量的粮食为交换条件，待到杭州战事一结束，当其他商人还在筹集粮食来贩卖的时候，胡雪岩已经把一船的粮食运到杭州城里，利润和名誉双丰收。

行动指南

要培养准确预见市场动向的能力，还要具有舍弃眼前利益，换取更大利润的魄力，否则，再好的预见性因为自己的贪婪短浅都必将无法实践。

星期五

乱世抓机会

乱世出英雄。越是乱的时候,越才有机会。有其弊必有其利,最关键的是,我们随时都要抓住利的一面,就会有赚不赔。

笔　记

胡雪岩一直强调做生意必须市面平静,可这里却说"越是乱的时候,越才有机会"。两者是否有矛盾呢?这需要从两个方面加以分析:

一是所谓的乱世造英雄,强调的是乱世中存在的商机可以被充分利用。时局混乱可以出现无数的商机,例如战乱让人们的生活困苦不堪,家庭破产的发生就会比较普遍,这样就为当铺行业的发展提供了重要的机会。如此一来,本来并没有多大利润的当铺行业,因为战乱就成为非常赚钱的生意,这都是因为时局混乱导致的商机。所以,胡雪岩说越是乱的时候,越才有机会。

二是所谓的乱世造英雄,并不等于太平时期就没有英雄。胡雪岩一向强调培养平静的市面,这样才好做生意。例如今天的和平时期,我们身边出现了无数成功的商人,这就是对胡雪岩这个思想的证明。那么,两者有什么区别呢?在胡雪岩看来,混乱和太平都是商业发展的一种外在环境,太平的时候有利于商业的自然发展,生意自然好做,混乱的时候人为控制市场的机会就比较多,尤其是外来的不可预料的因素对商业影响就比较大,在这样的情况下,就必须按照混乱时局情况出牌,不能再循规蹈矩。

不难看出,胡雪岩关于时局(无论乱世还是太平年代)对生意影响的思路,并不是建立在只有其中的哪一个方面才能做生意的基础上,而是说两者都有利弊,商人应该根据情况的不同而采取不同的经营方式,针对不同时局发现商机、灵活应变。

行动指南

混乱的时局下,要敏感地捕捉潜在的商机,能够抓住有利的一面,获取商业利润。

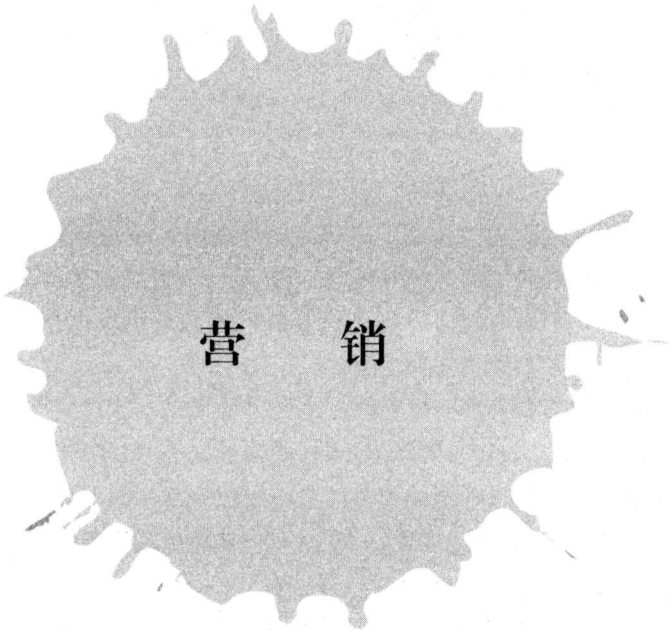

营　销

十一月

第一周

星期一
顾客

顾客乃养命之源。

笔记

"顾客是上帝。"这句经典的商业经营理念,曾经给转型时期的中国商业带来一场革命,让傲慢自负的经营者终于认识到顾客的重要性并不仅仅在于让你腰包鼓鼓,还在于顾客决定了商家最终的生存。

但是,这种现代商业经营管理的思想并不是西方的独创。早在清朝时期,中国著名商人胡雪岩就揭示了如此商业思想,用他的话说就是"顾客乃养命之源"。胡雪岩如此说,来源于他经商过程中的切身体会。在他经营阜康钱庄的时候,由于资本实力非常有限,名气又不大,因此,一开始来他钱庄的顾客并不多,但胡雪岩善于挖掘客户,尽可能多地把潜在的客户群体都拉到阜康钱庄里面。按照一般人的看法,能够作为钱庄顾客的群体主要是那些社会富裕阶层、官员等,但胡雪岩不仅通过各种办法把这些顾客笼络到自己的钱庄生意中,还把军队下层士兵、地主家的小姐太太等各色人等,都发展成为自己钱庄的顾客。事实证明,这些人对于钱庄经营的重要性并不在于提供了部分资金,而是形成了一个金字塔式的良性顾客生态链,扩大了顾客的基础,增强了钱庄生意的稳定性。

在一般商人眼中,胡雪岩苦心笼络的顾客只不过为钱庄带来蝇头小利,而在胡雪岩眼中,这部分人成为钱庄生意的生命线,两种不同的思维决定了经营者对顾客地位认识的天壤之别。

行动指南

把顾客作为生意存活的根本,不仅要从数量上挖掘更多的客户,还要从顾客群体结构上建立良性稳固的消费基础,以此维持整个消费群体的稳固性。

星期二
服　务

胡雪岩认为,顾客购买某种商品时,不仅希望购买具有特定物质形态和用途的实体产品,而且希望得到热情周到的服务。如果对顾客不理不睬,甚至恶声恶气,商品再好,门面再漂亮,也会使人望而却步。

笔　记

胡雪岩的服务理念看起来和一般商人并没有什么特别之处,也是注重对待顾客的态度和善、诚恳热情,但同样的服务态度,却大有深意。

例如,曾经有一位湖州香客买了一盒"胡氏避瘟丹",后欲换之,但是非常不巧的是,当时这种药已经销售一空。胡雪岩不仅亲自出面再三向客人致歉,而且还立即命令手下伙计在三日后赶制出来,为了免除顾客后顾之忧,他让远道而来的这位顾客免费在店膳宿。在一般人看来,仅仅为了一名普通的顾客,竟然在服务上如此礼遇,可谓不值得。但胡雪岩却把服务做到顾客的心底里,而不是表面上虚伪客套的微笑服务,这就使得他经营的店面里的服务态度与一般店面有了本质的区别。因为,服务好坏的本质并不在于是否表面上热情和周到,而是你是否从心底里愿意为顾客服务。

今天,许多商家大打服务牌,当你一走进商家大门,立刻听到"欢迎光临"的问候,乍听起来固然舒服,但当你在每一个商家都听到这种肉麻的问候之后,你就会感到麻木。而当你因为商品质量问题或者稍微给商家带来了麻烦的时候,许多商家会立刻露出不耐烦的真实面目,如此一来,再多的"欢迎光临"的问候和微笑,都无法弥补顾客对商家服务虚伪的认识。

行动指南

在服务态度上,不是流于千人一面的问候和微笑,而是把服务做到顾客的心坎上,彻底放下老板的架子,不计麻烦,真诚为顾客服务。

星期三
对顾客的态度

　　学徒进店，先要学习如何接待顾客；顾客到店后店员要先站立主动打招呼，绝对不能背朝顾客；顾客上门，不能回绝，务使买卖成交；顾客配药，不能缺味，务使顾客满意而回。

笔　记

　　胡雪岩对店员的服务态度要求十分严格，他要求所有员工都必须做到一流的态度对待顾客，使得顾客能够满意而归，尤其是对于上门来的客户无论有多么大的困难，总要想尽一切办法给予解决。

　　胡雪岩开办钱庄的时候，曾经有一位在萧山县署当差的敖姓四川人，拿着五百两银子，几乎走遍了杭州城的所有钱庄，但每个钱庄都说银子质劣不予兑换，最后抱着试试看的态度来到了阜康钱庄。胡雪岩看后笑着说："这是上等纹银，有何可疑？"敖生返署后赞不绝口，这样一传十，十传百，声名洋溢，一时达官显贵都以存资阜康为荣，这一年钱庄集资三千余万两银子，创造了当时钱庄存钱的奇迹。

　　胡雪岩没有拒绝这位顾客的根本原因，在于他真正理解了对待顾客态度的精髓，一方面，这个顾客存银子利润多少并不重要，重要的是四处碰壁的顾客会因为胡雪岩钱庄的态度好而对其他所有钱庄心生抱怨，这是胡雪岩钱庄服务态度超越杭州城其他钱庄的好机会；另一方面，顾客在此处受到的礼遇，会对胡雪岩所有生意产生良好的印象，对于志在成为国内巨商的胡雪岩而言，这次服务实际上为他将来的所有商业经营做了一次很好的宣传。

　　一次普通的服务之中竟然蕴藏着如此精明之举，胡雪岩的服务态度理念的确当为今天商人们深思和借鉴。

行动指南

抓住顾客服务中的商机,提升自己生意经营的整体形象,把一次普通的服务演变为超出所有同行的信誉竞争。

星期四
良　心

讲到良心,生意人的良心,就只有对主顾来讲。公平交易,老少无欺,就是我们的良心。

笔　记

做生意要凭良心,这是胡雪岩商业经营成功的基础。其实,这样的商业理念并不特别,因为,中国古代商业经营就一直存在着童叟无欺的经营之道。但是,为什么商人皆知,却很少有人做到呢?或者同样很多商人在做,为什么只有胡雪岩成功了,而其他的人却没有成功呢?

在我看来,做生意要讲良心,首先要求的是生意人不能见利忘义,要经得住利润的诱惑。为什么那么多的商人明知道良心重要却无法坚持,并不是他们不愿意这么做,而是看到金钱利润就放弃了对良心的坚持。胡雪岩要求做生意讲良心,并不是说他是商人中最具有良心的一个,而是他能够摆正金钱利润和良心之间的利害关系,认识到贪图一时之利润必将导致更大的损失。

做生意讲良心要求商人善于协调商业利润和良心之间的关系,坚持从长远利润着眼去讲良心,而不是为了制造善人的名声故意牺牲商业利润,否则,为了良心之名而落得倒闭下场,那么,这样的良心就是一种愚蠢。

行动指南

做生意讲良心,从长远着眼去树立公司公平、公正的形象,绝不图眼前一时之利润而放弃经营的道德底线。

星期五
不弄虚作假

一方面只有货真才能取得顾客的信任,只有取得了顾客的信任,才能为自己带来滚滚财源。另一方面只有货真才能真正满足顾客的需要,尤其是药物,更是假不得。

笔 记

胡雪岩开创的胡庆余堂药店,在药品质量上绝不弄虚作假。胡雪岩曾说,"'说真方,卖假药'最要不得"。他要求胡庆余堂卖出的所有药品,必须是真方真料,并且进行精心修和。例如当归、党参等药材必须来自甘肃、陕西,贝母、席香等原料必须来自云南、贵州等地,而虎骨、人参等原料必须购自关外,即使是陈皮、冰糖等一般的药材也不能简单以次充好,而是要求来自最好的产地广东、福建。胡雪岩如此做法虽然导致了药品成本的增加,但因为药品质量过硬,很快在消费者中获得极佳的口碑。

胡雪岩的不弄虚作假的经商理念,虽然在药店行业上体现得最为明显,但他把这个诚实经商推广到经营的每个行业上,从短期来看,固然损失了一定的利润,但从长远来看,胡雪岩生意经营成功全靠这种信誉在支撑。

今天,许多商人也往往效法胡雪岩经营不弄虚作假的方法,例如在药店里弄一些真正的虎骨、鹿茸之类让人展览,以此显示本店里的药品全部货真价实。但这种经营其实还是一种表面的不弄虚作假,和胡雪岩的以质取胜的理念有着本质的区别。

行动指南

坚持不弄虚作假的经营理念,宁愿牺牲更大的成本也要获取顾客对质量的认可,这是企业生存的生命线。

修制务精

唯愿诸君心余之心,采办务真,修制务精,不致欺予以欺世人,是则造福冥冥,谓诸君之关善为余谋也可。

笔 记

胡雪岩在创办胡庆余堂药店的时候,对店内所有人员提出一个近乎苛刻的要求,就是不仅要求在服务态度上做到一流,还要求所有人都必须熟悉和了解所售商品的功能、作用。胡雪岩之所以这样做,是出于商业销售方面的考虑。在他看来,一名顾客来购买药品,虽然只需要把药品的质量做好,就可以稳赚不赔,但这仍然算不上最高明的经商营销之道,因为顾客对于销售商品质量的信任,仅仅代表了对购买商品的满意而并非对整个服务的信任,如果想获得顾客对整个经营的满意,就必须把产品质量、服务态度、店面形象、员工素质等所有因素考虑在内。如此一来,同样是买一份药品,因为有了员工详细的讲解、耐心的告诫、反复的叮嘱,就使得买卖过程上升为药店对顾客的关心体贴、顾客对药店的敬佩叹服的情感层面,这样的一笔买卖所创造的价值,当然绝对不是仅仅赚取几两银子那么简单的。

胡雪岩讲究修制务精的经营战略,对于今天商人有重要的启示意义,它提醒商人们不要仅仅把眼光盯在利润上面,要想到经营的过程就是吸引顾客对业主敬佩情感的过程,能够通过商品的质量获得顾客的信任,赚取消费者的银子固然是一种成功的营销,但更成功的营销则是不仅赚取了银子,还让掏钱的人对你的服务感恩戴德、念念不忘。

行动指南

借鉴胡雪岩修制务精的经营理念,在服务上不仅要求员工能够做到一流的服务态度,还要对所售商品的具体功能做到精熟于心。

星期二
以人为本

度己度人,度人度己,仁义待人,以人为本。

以人为本是中国古代政治思想的主流形态,历代帝王为了保证自己的江山稳固,而不得不打着以人为本的旗号,这种思想不仅体现在政治管理上,还对商业经济、文化艺术等各个方面,均有着重要的影响。

胡雪岩的商业经营贯穿着以人为本的理念,其主要表现在以下两个方面:

一是以己度人、换位思考。胡雪岩经商首先把自己放在顾客的立场上,对顾客需要什么样的商品、服务做一个冷静的思考,然后依次考虑进行什么样的经营战略。即使在商品利润上,他也进行换位思考,对顾客能够接受的价格定位、质量功能、服务态度逐一揣摩,这样就可以做到商家对产品利润的定位不至于和顾客愿望之间出现太大的偏差和距离,这就是以人为本的经营战略。

二是仁义经营。所谓仁义经营并不是不要利润,而是诚实交易、公平经营。胡雪岩并不仅在药店经营上要求质量过硬,绝不可作出欺诈经营之事,而且在所有经营上都坚持仁义理念,例如在钱庄经营上,虽然规定的存钱和房贷利息属于商业利润,并不会因为对顾客的同情而随意减少或者放弃,但他的仁义经营在于即使有机会可以赚取更高的利润,甚至私吞掉银子,胡雪岩也绝不这样做,这就是他坚持以人为本的仁义经营的理念。

今天,以人为本的商业经营理念几乎为所有商人所接受,但真正能够贯彻的并不多见。其中固然和商人被利润所迷惑相关,还在于不知道具体的实践路径,从而仅仅把它理解为糊弄顾客的一张精致的包装纸而已。

坚持以人为本的商业理念,在具体实践上要注意,一方面,要以己度人,进行换位思考,不要人为制造消费者和商家的对立;另一方面,要公平经营、注重仁义,绝不因为商业利润诱惑而违背社会道德。

星期三
戒　欺

"真不二价"、"戒欺"的匾额。

笔　记

"真不二价"、"戒欺"可谓胡雪岩经营策略的符号和象征,大凡知道胡雪岩的人,都会对此印象深刻。

胡雪岩曾在胡庆余堂药店的大厅里,挂着一块匾额,但这块匾额和一般店内挂的给上门顾客观赏的匾额并不一样,因为通常的匾额写字的一面是朝外的,而胡雪岩店内的匾额写字的一面则是正对着药店坐堂经理的桌案。这块匾额叫做"戒欺"匾额。匾额上的文字是胡雪岩亲自写的:"凡是贸易均着不得欺字,药业关系性命,尤为万不可欺。余存心济世,誓不以劣品巧取厚利。唯愿诸君心余之心,采办务真,修制务精,不致欺予以欺世人,是则造福冥冥,谓诸君之善为余谋也可,谓诸君之善自为谋亦可。"

胡雪岩以匾额自戒,这并不是故意向顾客炫耀自己如何守法经营,用今天的话来说,胡雪岩这样做并不属于"作秀",而是实实在在地警戒自己和所有员工坚持绝不欺诈的交易原则。至于让顾客到处传颂,赢得做生意诚实的好名声,那是客观上带来的,如果一味以此为目的,那就是一种欺诈了。这成为胡雪岩此后经商成功的第一秘诀。

行动指南

不把"戒欺"的理念作为装饰让他人看,而是用来警戒自己。不要以"戒欺"来作秀,骗取顾客的好感,而是要把它作为人生处世的准则。

星期四

存心自有天知

修合虽无人见,存心自有天知。

笔 记

胡雪岩在经营钱庄期间,曾经接待了一位叫罗尚德的客户,此人为浙江绿营军的低级军官,因为年轻时候赌钱欠下岳父一万五千两银子,后来被岳丈强行退婚。深受刺激的罗尚德决心有生之年偿还欠下岳父的债务,经过十三年的辛苦积攒,终于攒得一万二千两银子,适逢清军和太平军作战,罗尚德唯恐此去战死,而辛苦积蓄又无亲友相托,于是找到阜康钱庄老板胡雪岩,他主动提出把钱存在阜康钱庄,不仅不收一分利息,甚至连存折凭证也不要。后来罗尚德战死,在临死之前,委托同乡来到阜康钱庄,办理这笔存款的转移手续,当时的胡雪岩完全可以因为对方没有任何凭据而拒绝支付存款,但胡雪岩并没有这样做,在确认了来人与罗尚德的同乡关系之后,立即把罗尚德存款连同多年的利息全部付给来人。

胡雪岩此举可谓"修合虽无人见,存心自有天知"的最经典例证。在胡雪岩看来,本分经营本来就是商人应该遵守的道德准则,所谓的存款凭证只不过是一道商业经营的手续而已,无论有还是没有,都不能以此做出侵吞他人财物、违背商业道德的事情。

今天,我们抱怨道德准则被破坏,商人们不法经营损害消费者利益,但真正的守法经营并不在于是否有完备的商业准则,而在于商人们是否自愿地遵守,有法不依与无法可依又有什么本质的区别呢?

行动指南

在经营中要自觉遵守商业道德准则,既不能因为利润去做违背商业道德准则的事情,也不能钻商业准则不健全的漏洞,投机取巧。

星期五
让顾客知道你诚信

做生意诚实不欺，只要自己一颗心把得定就可以了。诚实不欺要叫主顾晓得，到处去讲，那得要花点心思。

笔　记

不可否认，胡雪岩商业经营的一切手段都是为了实现商业成功的目的，这样，他诚实经商的思想就不可避免地具有了扩大自己名声的意图在内。但如果以此认为胡雪岩做生意诚实不欺就是为了让顾客知道，那就扭曲了胡雪岩诚实不欺的出发点。

在胡雪岩看来，做生意应该凭良心，本来没必要让顾客们知道老板如何讲良心的，但当顾客被老板的良心经营所感动之后，必然到处宣传，四下传播，这在客观上就具有了提高店面形象的作用。鉴于这样的良性循环，一个精明的商人，就应该抓住这样的机会，在主观上坚持做生意凭良心，在客观上达到被四处传播提升知名度的效果。但绝不要从一开始就抱着提高知名度的目的去做好事，因为那样做就只能是一种利用良心来促销的手段了，而不是诚心诚意地做好事。

胡雪岩的诚实不欺的思想，与现代商人煞费苦心营造声誉截然不同，前者是企业生存的基础，而后者则注定是一种肤浅庸俗的商业经营手段。

行动指南

因为做生意坚持诚信不欺而获得社会广泛赞誉，但这种声誉的获得并不是处心积虑的结果，而是随心而为地做善事。

星期一
责 任

药店本以活命救人为本，实为仁术，岂能拿人命当儿戏？

笔 记

　　胡雪岩之所以要经营药店，无疑和当时药店生意中巨大的利润直接相关，因为当时正逢战乱，无论是作战的政府和太平军战士，还是在战火中受涂炭的黎民百姓，都面临着伤病医治问题，在这样的情况下，胡雪岩决定做药店生意，在赚钱的同时，还能够帮助天下人解除疾病痛苦。

　　胡雪岩开设的胡庆余堂在经营中一直坚持这样的理念，胡庆余堂制药所涉及的药材不下 3000 余种，采购如此多的药材需要耗费巨大的成本，一般商人大多采取以次充好的办法，或者不到药材的原产地而以就近药材代替，但胡雪岩坚持所有药材必须全部来自原产地，甚至在药店的后院里养上几只鹿，以此证明本店鹿茸之类药材全部为真材实料。通过这样的经营方式，胡庆余堂里的药品在质量上明显高于其他的药店，同样剂量的药品在药效上要比一般药店更好。长久以往，终于获得了大家的信任，药店成为其商业利润的一大支柱产业。他的成功无疑来自药店要以救人为本的思想，并敢于承担如此社会责任，而绝非坑蒙拐骗牟取暴利之类。

　　日本最著名的企业家之一松下幸之助曾如此总结自己的成功：一切以公利为出发点，不为私欲所蔽。换言之，需有一颗正直的心。所以，我认为最重要的，就是不受私欲诱惑，以纯正之心观察事物，而且经常审视自己、告诫自己。这与胡雪岩商业经营敢于承担社会责任，是完全一致的。

行动指南

　　要经得起私欲诱惑，维护社会公德，并且常常告诫自己，敢于承担社会责任。

星期二
不 得 欺

凡有贸易均不得欺字，落叶关系性命，尤不可欺。

笔　记

　　综观胡雪岩经营的各个行业，无不贯穿"戒欺"的思想。在钱庄经营上，能够在存款人拿不出任何存折字据的情况下，主动而迅速地归还客户的一万两千两白银，还主动给出利息，这并非是当时混乱的中国时局下一般商人能够做到的；在药店经营上，胡雪岩能够把业务员因为疏忽误进的豹骨全部销毁，坚持从原产地再次采购虎骨，这种宁愿承受巨大损失也不放弃"做生意不可欺"的理念，也不是一般商人可以做到的；同样，典当行、漕运粮食、军火、生丝贸易等各个行业，胡雪岩始终坚持着"不得欺"的原则，这不仅为他赢得了好名声，还奠定了他商业成功最牢固的基石。

　　现代商人也常常标榜做生意"不得欺"的经营理念，但要么是刚开始时候不得欺，到了后来，在巨大的利润面前就晚节不保，要么是在某一个生意行业上勉强做到不得欺，而在其他行业上则是以次充好。从表面上看，这些商人的做法可以在短期内获得利润，但长久以往，顾客的眼睛是雪亮的，最终往往因为自己的小聪明和短视行为而付出惨重的代价。

行动指南

　　自始至终地坚持不得欺，不因为眼前一时、一点之利益，而放弃终身、整个事业的成功。

星期三
不以劣品谋厚利

余存心救世,誓不以劣品谋取厚利。

笔 记

一次,胡庆余堂药店一位负责进货的店员在购进虎骨的时候,由于疏忽把豹骨错认为虎骨,而且数量很大,胡雪岩知道此事后,立刻到药库亲自检查药材的质量,在确认了误购豹骨之后,就把所有负责进货的员工召集起来,并且严肃地告诫他们:你们知道什么是生命之源吗? 它指的是我们的衣食父母,我们能把假药、次药用来欺骗我们生身父母吗? 于是他下令手下人把所有豹骨全部销毁。

在一般人看来,胡雪岩当时的胡庆余堂已经获得了社会普遍的信任,在制药的过程中,如果把豹骨作为虎骨入药,对于患者而言,根本无法发现,但胡雪岩宁愿损失巨大的经济利益,也要维护不以劣品谋取厚利的商业宗旨,此举非一般商人能够做得到。也正因为如此,胡雪岩经商就与一般商人在存心救世上有了本质的区别,不仅使得他的生意得到了社会的普遍信任,还让那些把救世作为炒作手段牟取暴利的不道德商人成为社会批判的对象。

行动指南

不为了赚取一点利益而以劣质商品充好,要清醒地意识到,贪图眼前的小利必将导致最终垮台。

星期四
挽留顾客之法

只有守信誉,讲诚实,才能赢得长久的利润和稳定的顾客。

笔　记

商人要想赢得利润,就要实现消费者的最大化,消费群体的数字越是庞大,越能够为企业带来更大的利润空间。所谓薄利多销,哪怕是再微小的利润,只要有了固定而庞大的消费对象,就可以获取巨大的商业利益。正是因为这个原因,商人无不把如何抢占更多的客户群作为营销的主要目的。

胡雪岩的商业经营理念告诉我们,要通过笼络"回头客"的方法获取最大的消费群体。顾客群体的数量并不是可以无限开发的,因为国家人口的数量是固定的,而且,能够消费这种商品的人群也是相对固定的,从理论上说,一个好的商人可以尽可能地开发庞大的消费群体,但在现实中受到地域、产品质量、资本实力等各种因素的影响,是无法实现这种无限制的开发的。为此,需要对那些初次消费的人群进行"二次消费"的资源开发,只要保证了这一部分人群能够成为长期的客户,就足以保证生意利润空间的扩大。这是胡雪岩商业经营赢得长久利润的前提。

那么,如何挽留住顾客呢? 胡雪岩的秘诀在于守信誉,讲诚实。如果不这样做,当然也可以赢得利润,甚至是更大的利润,但并不能长久。那种"打一枪换一个地方"的江湖郎中式的做法,是胡雪岩经商理念最排斥的。所以,胡雪岩经营的各种行业,甚至是典当行这样的生意,都因为经营诚实、讲信用而拥有庞大的"回头客",这就为他的商业成功奠定了厚厚的基石。

行动指南

挽留顾客的经销策略,首先,要把挽留顾客放在企业生存的重要地位上来对待,而不是仅仅作为一种营销方式;其次,要把顾客是否对本公司产品进行"二次消费"来作为衡量经营成败的指标,而不是看产品创造了多少绝对的产值。

星期五
机会靠大家捧

机会要靠大家双手捧出来。

笔 记

胡雪岩常常把这样一句江湖上的话挂在嘴边："你做初一,我做十五;你吃肉来我喝汤。"意思是如果有了好的商业机会,不能自己独占,要给大家留点活路。这正是胡雪岩"机会要靠大家双手捧出来"经营理念的结果。其要义如何理解呢?

商人之间的竞争是为了利润,而不是置对手于死地。如果把竞争对手置于死地,看起来市场上没有了对手,实现了对这个行业的垄断,但从长远来看,这样的垄断破坏了市场需要竞争才能激活发展的规律,就如同食物链中高一级环节被截断,虽然可以暂时导致下一级环节在短期内迅速膨胀发展,然而,这种畸形发展积累的财富是引发自身毁灭腐败的基础。所以,有了好的机会必须学会让出一部分给其他人,而不是独吞。这就是胡雪岩"机会要靠大家双手捧出来"的意思。

胡雪岩经营的军火生意就是通过大家捧的方式来实现的,当时因为国人对洋人有偏见,不愿意也不敢去和洋人做生意,而胡雪岩主动联合本地商人,建立了一个庞大的内地商人联盟,积累了足以和洋人叫板的资金,这才和洋人进行商品贸易战,不仅自己从中获利,还给同行带来了巨大的财富。如果他自己单独和洋人做生意,固然可以赚取相当的利润,但终究无法形成一个庞大的国际贸易市场,因此,这样的生意也不可能长远。

行动指南

要学会在商机面前,发动大家一起赚取利润,形成一个更加健全的商业市场,以此创造更多的商业机会,而不是置对手于死地。

星期一

帮人要迅速

说是说"慢慢儿",但绝不是拖延,更不是搁置,想到就做。帮他人做事,须知这一点。

笔 记

宋代农民起义领袖宋江,在江湖上深受人们爱戴,根本原因在于他做事的风格和他的绰号"及时雨"一样,能够在他人最需要的第一时间给予帮助。胡雪岩经商成功一个非常重要的方面,也依赖于帮人要及时的行为。

左宗棠曾经在西征新疆以及东南镇压太平军的战事中,多次遇到军队粮饷无法补给的紧急情况,而当时政府国库空虚根本无法补给,大战在即,如果不能及时供应粮饷必将影响军心士气。在这种情况下,清朝统治者一般采用的是向地方商人富户征集募捐的方式,但亏欠如此庞大的粮饷想在短期内筹集完毕几乎是不可能的事情。这时候,左宗棠想到了胡雪岩,胡雪岩深知责任重大,虽然凭借自己一人之力,无法实现供养整个军队粮饷,但他还是通过自己庞大的商人联盟,动用私人交情,迅速为左宗棠筹集粮饷,在第一时间解决了左宗棠给他的棘手问题。

胡雪岩此举的结果不仅使得他获得了左宗棠极度的信任,巩固了他在清朝中央政府的特殊地位,同时,还在社会上赢得了及时扶危救困的美名。此后,甚至有许多顾客因为仰慕胡雪岩能够及时扶危救困的大名而主动来他的钱庄、药店、典当行进行交易,可谓名利双收。

许多商人并不是不理解帮助人的重要性,也能够给予顾客很多的帮助,但往往因为错过了最佳时间,从而导致给予的物质和精神帮助都无法发挥最大的功能,给顾客留下的印象往往不会太深,虽然不能说毫无疑义,但同样的付出却失去了最强大的功效,这难道不是一种失败吗?

行动指南

不仅要有帮助他人的热心，更要有把握帮助时机的能力和魄力，在同样的付出下，能够给予受助者最大的帮助，实现帮助力量的最大化、最优化，才是乐于助人的更高境界。

星期二
物真价实

与人争胜，物真价实是关键。

笔　记

古语有云："天下熙熙，皆为利来；天下攘攘，皆为利往。"人们不去追求财富，财富不可能凭空而来，人人都愿意过高品质的生活，但没有物质财富作为保障，这也只能是空想，所以追求金钱本身并没有错，只是不要对金钱贪得无厌，那样必将因贪财而遭祸，一旦灾难临头，才后悔莫及，也是很大的遗憾。经商必须赚钱，不然连维持生存都成问题，怎么能够发展？还谈什么永续经营？但是合理的利润，才是经营的正道。邪利、暴利都将为顾客所唾弃，都不可取。

奸商就是以不正当的手段，牟取不合理的利润，为商不可贪，亦不可奸，奸商人人讨厌，必将败坏了自己的信誉，为社会所排斥，也不可能获得长久的利益。只有正派经营，提高了自己的口碑和信誉，才可以在激烈的市场竞争中长期存活下来。胡雪岩在自己的经商道路上一直秉承"不贪不奸"的原则，例如他将采购的米平价售出，平抑了米价，等到米价稳定也没有漫天要价，而是仍然以正常的价格出售，令他的名声大振。所以，货真价实的道理并不是商人们不懂，而是这样做往往意味着损失很多利益，于是在利润的驱动下，尤其是在短视的贪婪的欲望膨胀下，往往采取了投机取巧的竞争方法，最终是搬起石头砸自己的脚。

行动指南

牢记"为商不可贪，为商不可奸"，能够认识到在竞争中取胜的最终因素绝不是假冒伪劣的奸诈和贪婪行为，而是货真价实的硬道理。

星期三
宾至如归

你倒想想看，丝的好坏都差不多，价钱同行公议，没有什么上落，丝客人一样买丝，为什么非到你那里不可？这就可有讲究了，要给客人一上船就想到，这趟到了湖州住张家，张家舒服，住得好，吃得好，当客人像自己亲人一样看待，所谓"宾至如归"。那时候你想想看，生意还跑得了？

笔　记

"宾至如归"是中国传统商业经营思想的体现，与西方的"顾客是上帝"在本质上是一样的。胡雪岩注重从传统商业经营思想中获取资源，从而实现为我服务的目的，取得了很好的效果。他的"宾至如归"的管理理念，其合理性在于如下两个方面：

一是商业竞争要把商品质量这个"硬件"与服务态度这个"软件"结合起来。胡雪岩和其他商人一样，都强调商品质量决定同行竞争胜负的关键，但他不以质量为竞争的唯一标尺，还十分重视服务态度"软件"在竞争中的作用。例如，他在经营的药店、钱庄、生丝、粮食等各个行业上，均要求产品质量和服务态度都能实现第一流，这就在竞争中占据了非常有利的位置，再加上自己经商方面过人的智慧，自然能够在残酷的商业竞争中崛起。

二是对待顾客要像对待自己亲人一样。一方面，对待客人不要想着人家口袋里的银子，要建立一种血缘性的关系纽带，表现出一种看见亲人回家一样的兴奋和热情，这是理解胡雪岩"宾至如归"经营理念的关键，它和一般的为了掏空顾客口袋里的银子而故意做出的热情服务是完全不同的。另一方面，既然像对待亲人一样对待顾客,那就不是奴才式的低三下四的热情,能够做到张弛有度、热情大方,这才能给顾客营造出家庭的温馨和自由,反之,越是热情的服务,越容易引起顾客的反感和猜疑。

今天,商人们普遍要求员工对待客人要做到使其"宾至如归",但是,在现实中我们往往看到的是,要么一脸虚假的微笑,让人起鸡皮疙瘩,要么热情似火,大有恨不得立即把你口袋里的钱榨干的紧迫感。对此,更应该好好反省胡雪岩在这个方面的成功之道。

行动指南

把员工能否让客人感觉"宾至如归"作为营销成败的重要标尺,尤其重视培养员工把握对待顾客的分寸,不要停留在虚假的微笑和千篇一律的问候层面上。

星期四
体谅有度

有的人不懂,就是体谅得过了分,管头管脚都要管到,反害得客人拘束,吓得下次不敢来了。

笔 记

要想做好生意,热情服务是必不可少的。所谓"顾客是上帝",在一般人眼中,同样的质量、价格的商品,服务态度的好坏就成为决定胜负天平倒向谁的重要砝码。胡雪岩也要求店员必须做到服务热情、诚恳、周到,但他又说体谅不能过头,过头的服务热情反而害得顾客不敢来,这是否与他一向标榜的热情服务有矛盾呢?

按照胡雪岩的经商管理思想来看,要想抓住顾客必须做到以己度人,就是要学会理解、体谅顾客的心理需求。这是招揽顾客"二次消费"的关键。但物极必反,当店员对待顾客过于热情,往往给顾客的心理带来巨大的压力。顾客是来消费的,消费满足感的体现不仅仅在于商品质量让人放心、价格低廉,还在于整个消费过程让人惬意轻松,与那种消费时候冷若冰霜、恶语相向的服务态度相比,卑躬屈膝、低三下四的献媚服务态度同样让人不适。

前些年,有的商家打出"跪式服务"的旗号,要求员工对待顾客不是一般的笑脸相迎、鞠躬致敬,而是在服务的时候,实现单膝跪地式地服务顾客,例如卖鞋的时候跪下帮助顾客擦鞋、换鞋,这种服务精神固然可嘉,但效果并不一定好,因为这种体谅过度的服务,除了极少数顾客可以心安理得地接受这种服务之外,绝大部分顾客往往会吓得不敢再来。

行动指南

要善于把握热情服务与卑躬屈膝的献媚讨好之间的界限,揣摩顾客心理能够接受的限度,做到热情大方而不低贱下作,真诚可亲而不虚伪造作。

星期五
信用和手续

我们做钱庄的,第一讲信用;第二讲究手续。等谈好了办法,你们两位的款子,交到钱庄里来,我要立折子奉上;利息多寡,期限长短,都要好好斟酌。

笔　记

中国有句古语叫做"好弟兄明算账"。意思是在生意场上,私人情感再好也要按照生意规律来,对于钱财利润一定要理清,不能含糊。胡雪岩经商一向以情感取胜,其经商数十年结交的官场、商界、社会等各界人士无数,凭借胡雪岩在社会上的崇高威信,以及无人能比的经济实力,胡雪岩本人就是最好的信用,和他联手经营本来用不着办理什么手续,但胡雪岩坚持"好弟兄明算账"的理念,把信用和手续作为商业经营,尤其是钱庄生意的基本原则。

胡雪岩的这种做法,在许多人看来多少有点考虑过多的成分在里面。其实不然,钱庄生意最需要注意的是账目清楚,绝不可含糊,虽然对于私交甚好的客户,即使不办理手续,也不会赖账,但这毕竟存在着巨大的隐患。而且,最重要的是,胡雪岩并不担心不办理手续而有可能给钱庄带来损失,而是这种粗糙的经营方式从根本上违背了商业经营的理念,这才是比损失一部分银子更可怕的隐患。损失的银子可以通过自己的努力再捞回来,而损失的名声和经营方式导致生意的破产,则是无法弥补的。

今天,商人们在信用和手续上往往会走向两个极端,要么是不知道灵活变通,对待所有客户都表现出六亲不认的手续式处理方式,往往伤了顾客的心;要么是用私人关系取代业务流程,不分事情大小一律拍胸脯说没事,这两种方式都将导致经营的失败。

行动指南

要恰到好处地协调信用和手续之间的关系,做到讲信用但不失正常手续的约束,同时,办理正常手续又不失去人情味的关怀。

竞争与合作

洁身自好

江湖中的人,豪爽汉子,真性情的人有许多,也不乏追名逐利,忘情无义的小人,关键在于自己如何去识别,而且江湖是个大染缸,近朱者赤,近墨者黑,如果不能洁身自好,有可能就被同化,染上一些江湖恶习,那就不能做个正正经经的商人了。

笔 记

人们常常说,人在江湖身不由己。其意思不仅在于指出江湖本身有其自身独特的规律,凡是涉足于此之人必须依据这样的规律行事,还在于暗示了江湖充斥各种不良习气,容易导致人的蜕变和堕落。胡雪岩身处经商这个江湖之中,对此不可能不了解,他根据个人的经验,总结出一个应对之策,这就是要洁身自好,才能确保在同他人残酷竞争的过程中,保持原来的人格。

胡雪岩在同国内商人叫板的时候,充分借助官方政府的势力,得到了王有龄、左宗棠等人的鼎力相助,这是他深知商场竞争规则的结果。而王有龄等人表现出的知恩图报的真性情、豪爽汉子的行为,确实给了胡雪岩巨大的力量。但胡雪岩依靠的官方力量本身充斥着各种丑恶和腐败行为,例如后来结交的黄宗汉,就是贪婪好色、利欲熏心之徒,而胡雪岩天天与之打交道,并没有受到这个官员的影响,这靠的就是胡雪岩的洁身自好。

今天,我们常常见到许多功成名就的商人往往被爆出各种丑闻,而在他们涉足商场之前往往是一个正直高尚的人,是商场把他们浸染成这样的吗?这固然有重要的外部原因,但从本质上说还在于这些人不能做到洁身自好。

行动指南

　　理性地认识市场规律，在遵循市场规律的前提下，要不被商业竞争中的不良行为所诱惑，在赚到钱的同时并不丧失最初高尚的人格。

星期二
敏于事慎于言

　　事情是件好事，不过要慎重，心急不得。而且像这样的事，一定会遭同行的妒，所以说话也要小心。

笔　记

　　早年的胡雪岩在一家钱庄做学徒，一开始从事的是最低贱的倒尿壶、扫地这些工作，但由于他特别聪明伶俐，很快得到老板的赏识而做更高一级的工作，这样就引起了钱庄里其他人的妒忌。终于在他私自挪用钱庄五百两白银给王有龄之后，遭到周围妒忌他的人的围攻，老板虽然非常赏识胡雪岩，但碍于大家对胡雪岩的集体反对，于是把胡雪岩"炒鱿鱼"。后来胡雪岩在发迹之后，并没有报复这个钱庄的老板和当年攻击他的人，而是很大度地与这个钱庄合作。

　　古语曰："木秀于林，风必摧之；行出于众，人必非之。"一个人因为过于出色必然遭到别人的妒忌，但如果仅仅为了不让他人妒忌而甘愿庸庸碌碌，那就是更为可怕的事情了。所以，宁愿遭到他人的妒忌也要成功。为了尽可能地减少因别人的妒忌而遭受的损失，做事应当慎重小心。能做到既把事情办成，同时又少引起他人妒忌，这才是有才能的商人的行为。因此，胡雪岩总结经验，告诫自己和手下人做事一定要谨慎，要充分考虑到如何尽量化解他人对自己的反对和妒忌。

行动指南

　　善于把别人因为妒忌而扔向自己的砖头，作为建立自己成功事业大厦的基础。在实现事业成功的同时，还须将妒忌自己的人群数量最小化。

星期三
正大光明

我对人不用不光明的手段。

笔 记

　　人们对于胡雪岩经商手段究竟是正大光明还是阴谋算计一直存在着争议。其实,对待这个问题我们应该辩证地看待。

　　胡雪岩所说的做事正大光明,指的是在商业竞争上采用正当竞争的方式,不釜底抽薪、落井下石。胡雪岩结交王有龄,完全是出于私人情感上对王有龄未来成就的希冀和赞赏,并不是完全出于将来他能照顾自己的生意,这就比单纯为了赚取利润而故意结交人要高尚得多。

　　胡雪岩在商业竞争面前一直保持着有钱大家赚的立场,从来不通过自己经济、政治实力去排挤和摧毁商业竞争对手,这是正大光明的一个重要表现。胡雪岩在事业如日中天之时,完全有力量去压倒任何一个看着不顺眼的竞争对手,但他没有这样做,而是与所有商人联合起来,并主动把好的商机让出来给大家做,这样的目的固然在于维护一个良好的商业市场环境,更重要的还在于他为人一直保持公开和光明正大的风格。

　　商业竞争的残酷并不意味着一定要使用阴谋卑劣的手段才能制胜,健康的市场应该有公平正当的竞争与合作,竞争的胜负应该取决于商人们智慧、能力、机遇的比拼,而不是看谁的人性更卑劣下流。

行动指南

　　打败竞争对手的最好办法是通过自己的智慧、能力和机遇,而不是卑劣下流的阴谋诡计。

星期四
扩大地盘

要扩张自己的生意和势力,把自己的地盘扩大是首要任务。

笔 记

　　胡雪岩涉足的行业非常广泛,他这样做的目的固然是出于对商业利润的追逐,凡是有可能潜藏丰厚利润的行业,他都不会放过。另外,还有一个重要的原因在于,他这样做是出于商业经营策略的考虑,就是不断地扩大自己的地盘,最终建立一个坚固强大的商业基础。

　　胡雪岩扩大自己的地盘表现在两个方面:首先,对一个行业资本积累到了一定的时期,进行更大规模的再生产,用今天的话说,就是在全国范围内开连锁店。例如,胡雪岩在开典当行的时候,最初只开设了一家,后来随着典当行业利润的增多,他就进一步扩大典当行的规模,于是在周围省份先后开设了二十多家典当行,这样就形成了一个庞大的典当行业,大大巩固了胡雪岩商业经营的基础。其次,胡雪岩不满足于一个行业的再生产,还通过不同行业的全面扩张来扩大自己的地盘。例如他从钱庄经营到涉足制药、典当、军火、漕运、生丝等,这都是扩充自己商业地盘的表现。

　　从现代商业经营的角度上看,胡雪岩经商讲究扩张自己地盘的行为,是在追逐利润最大化的同时,建立自己更巩固的商业结构基础,虽然这样做也有着入不敷出、摊子过大的隐患,但在当时情况下,胡雪岩这样做足见其过人的魄力和胆识。

行动指南

　　善于把握恰当的时机进一步扩大自己的地盘,不仅通过规模扩大实现再生产,还能够跨行业经营,形成一个强大的集团。

星期五

冤家变一家

既然大家都过独木桥，都很危险，纵然我把你挤下去，谁能担保你不能湿淋淋地爬起来，又来挤我呢？冤冤相报何时是个头？既然大家图的是利，那么就在利上解决吧！

笔 记

胡雪岩在和竞争对手关系处理上表现出来的大度宽容，一直到今天都被人们津津乐道。他在湖州地区化敌为友经营生丝就是一例。

当时胡雪岩在湖州地区经营生丝贸易，由于湖州地区属于他的挚友王有龄管辖，在这样的条件下，生丝贸易肯定只赚不赔。但出乎意料的是，胡雪岩开始经营生丝贸易并不顺利，因为本地生丝贸易一直被"顺生堂"这个民间组织把持，这个组织依仗地方民众势力严厉打击卖生丝给胡雪岩的商户，企图自己垄断湖州生丝贸易市场。摆在胡雪岩面前的有两条道路，一是借助王有龄的官方势力对竞争对手顺生堂进行打压，这样可以获得生丝贸易的市场；另外就是化敌为友，让冤家成为一家人。胡雪岩审时度势，从长远考虑，采取主动笼络联合竞争对手的策略，他亲自上门说服"顺生堂"与自己联合起来与洋人进行贸易，从洋人手上赚取利润。如此一来，不仅他和顺生堂都能获得利润，还可以扩大生产能力。

胡雪岩冤家变一家的经营策略十分成功，但国内民营资本根本不具备与洋人一争高下的实力，胡雪岩通过扩大国内商业联盟的方法，逐步获得了和洋人叫板的资格和本钱，这样就为他下一步和洋人生丝贸易战的胜利奠定了基础。

今天，商人之间的竞争被妖魔化为你死我活的斗争，其实，完全可以实现化敌为友、冤家变一家的双赢结局。问题的关键并不在于竞争对手是否愿意与你合作，而是你是否找到像胡雪岩这样在维护原来利益的前提下，赚取第三方利润的巧妙办法。

行动指南

不仅要具备勇敢面对对手挑战的胆量和魄力，还应该具备根据情况化敌为友的战略眼光和具体实施的商业智慧。

第二周

察言观色

能猜察别人的心理想法,是做生意的一大奥妙。

笔 记

善于猜察他人的心理,是胡雪岩经商成功的一大秘诀。从现代商业经营角度而言,这样的好处在于抢先了解竞争对手准备采取哪些商业手段,便于自己根据当前情况作出相应的对策。但胡雪岩的察言观色并不仅仅限于对商业竞争对手,甚至是官场上的风吹草动,胡雪岩都能对此明察秋毫而立刻作出相应的反应。

胡雪岩依靠王有龄的帮助完成了浙江地区漕运的生意,同时,王有龄因为依靠胡雪岩的出色表现而得到了政府的褒奖,被提升负责湖州府事务。而当时王有龄还兼任浙江海运局的差事,按照正常程序,此次提升之后,王有龄应该卸任浙江海运局的职务,如此一来,对胡雪岩商业影响将是巨大的,因为胡雪岩在浙江地区漕运经营全靠王有龄主管浙江海运局职务之便,现在领导易主必将对胡雪岩生意产生负面影响。为此,王有龄向上级申请兼任海运局职务,而当时的浙江抚台黄宗汉并没有直接回复王有龄,而是提出要请胡雪岩的阜康钱庄为自己代汇一笔一万两银子的军饷。胡雪岩据此立刻判断出黄宗汉想借机敲诈王有龄,于是立刻用自己的一万两银子作为军饷汇出,然后把此事告诉黄宗汉,黄宗汉对此心领神会,心安理得地接受了这一万两银子的贿赂,作为回报,他对王有龄兼任海运局之事就不再过问。

胡雪岩如此精明的观察能力,为其商业成功带来了巨大的好处,不仅保证了他政府靠山的稳固,还能够获得官员们的赏识。在今天,我们固然不能照搬胡雪岩贿赂政府官员的行为,但他这种对商业极度的敏感应变能力,还是具有现实的借鉴意义的。

始终对商业竞争中的环境保持敏感，能够及时通过观察到的情况进行调整应对，而不是等到事情发生之后再进行补救。

星期二
收对手入囊

治我，损我，拆我的烂污，那是行不通的，你没有好下场，但是只要你尚有可用的地方，饭总是大家一起吃的。

笔 记

胡雪岩经商仗义疏财是出了名的，很多人往往错误地认为他是那种"好好先生"，其实不然，胡雪岩做生意讲究和气生财，甚至以德报怨，但他的大度和豁达并不是无原则的。他主张商人之间进行正当的竞争，反对用损招、阴招攻击对手。如果竞争对手使用卑劣的手段进行不正当竞争，胡雪岩也会加以反击，令对方"没有好下场"。

胡雪岩也认为，人无完人，即使对方曾经用过不道德的甚至是卑鄙的手段，但只要他还有可用之处，如果愿意与胡雪岩合作，或者投靠他，胡雪岩也愿意接受。这并不是人的心胸大度问题，而是胡雪岩对商人本性和商业逻辑的理解太深刻——在商业市场这个大染缸里，没有永恒的朋友和敌人，只有永恒的利益。

行动指南

对待有污点的人要宽容，只要能够具备可用之处，为我所用，就要给这些人展示才华的空间和舞台，而不是采取一棍子打死的武断政策。

星期三
不落井下石

只有拉人一把，没有踹人家一脚的道理。

笔 记

落井下石是对那些乘人之危、算计他人的卑劣手段的概括。胡雪岩在商场纵横数十年，各种各样的人见识无数，对于商场上落井下石之人可谓了如指掌。但他告诫手下人绝不可以这样做。

无论是商人还是一般人，都需要恪守社会公共道德的底线。在其飞黄腾达之后，胡雪岩既没有对那些曾经采用阴招算计自己的商人进行报复，也没有利用自己财大气粗吞并那些弱小的商户，而是采取帮助扶持的经营策略，最大限度地扩大自己的商业联盟，为胡氏商业集团树立高尚的口碑，笼络了一大批商户，最终成就了他在国内商界无人能比的地位。

商业竞争常常被人渲染成为不择手段地赚取利润，其实，这大大背离了经商不应该落井下石的道德准则，真正的商业市场应该是公平有序、互助帮扶的良性社会。

行动指南

要把握他人急需帮助的时机，通过拉人一把的方法，实践自己遵守社会公德的责任，同时，树立自己良好的个人形象。

星期四
真心赞美

出自真心的赞美，捧人捧得非常真诚，不露痕迹，被捧的人特别高兴。

笔 记

　　在生活中赞美他人一般有两个不良的倾向：一个是过于肉麻，听得人浑身起鸡皮疙瘩。另一个则是敷衍了事，令听者顿生反感。就这两种不好倾向的原因而言，都在于赞美者缺少真心赞美他人的诚意。本来想通过赞美获得对方的好感，但往往事与愿违，不仅没达到最初的目的，还让对方更加厌恶。可见，赞美他人并不难，想做到赞美而有效果，那就需要动点脑筋了。

　　胡雪岩在商场奋斗数十年，深知把一切因素融入商业竞争的重要性，对此，他提出真心赞美他人，只有出自真心地赞美他人，才可能真正被他人接受，才可能获得预期的效果。这种观点其实和胡雪岩做生意注重诚信，推崇光明正大经商的思想是完全一致的。

　　那么，对待那些不喜欢的人，我们是否也要真心赞美呢？胡雪岩的真心赞美理念告诉我们，即使对待那些人我们也要出自内心的赞美，因为每个人身上总有优点，如果我们从他的优点来考虑，我们就可以做到真心赞美了。即使被赞美者一无是处，但如果我们考虑到赞美对方是出于商业需要，那么，我们就会把赞美当作经商事业一样虔诚，如此一来，不就成了真心赞美了吗？

行动指南

　　要有真心赞美商业对手的气魄和胸怀，要把能否做到真心赞美他人作为事业的一部分来做。

星期五
留得退步

凡事只要秉公办理，就一定会有退步。

笔 记

中国古语云：得饶人处且饶人，切莫得理不饶人。此话虽然是针对日常生活中人际交往而言的,但在商业竞争上,这句经典同样适用。胡雪岩就用自己的商业智慧,为这句话做了非常好的注脚。

胡雪岩做生意一向以胆子大、敢冒险著称,因为这个原因,后人眼中的胡雪岩往往是为了利润而不惜一切的"狠主",恨不得能够把榨取到的油水揩得一点不留。其实不然,胡雪岩做生意坚守"有所为有所不为",即给自己留点后路。他从不利用自己在经济和政治上的实力将竞争对手赶尽杀绝,而是秉承着相互扶持、共同发展的原则,给别人一条生路,也给自己留一条退路。

胡雪岩给自己留后路的经营理念值得现代经营者思考。现代商人往往在顺风顺水的时候蛮横跋扈,不给自己留后路,但十年河东十年河西,谁都无法预测未来会怎样,所以,给自己留后路还是非常必要的。

行动指南

在顺势情况下,不对竞争对手赶尽杀绝,而是通过给他人留后路的方法为自己保留后路。

第三周

团　结

　　我将来要跟外国人一较长短。我总是在想，他们能做的，我们为什么不能做？中国人的脑筋，不比外国人差，就是不团结，所以我要找几个志同道合的人，联合起来，跟外国人比一比。

笔　记

　　胡雪岩和洋人斗法的过程并非一帆风顺，当时洋人在东南沿海的江浙地区大量进行生丝收购加工生意，已经获得了这个地区巨大的商业市场。同时，与国内民营资本相比，洋人在资金上拥有更多的优势。这对于刚刚涉足江浙地区生丝贸易市场的胡雪岩来说，一开始就处于不利的地位。显然，如果想在和洋人的贸易中占得上风，胡雪岩必须处理好自身实力不足的问题。对此，胡雪岩采取的基本思路就是通过团结国内商户，实现民营资本的最大化，以便集中足够的资本和洋人较量。

　　胡雪岩曾经收购了大量的生丝，为此占用了大量的资金，当时洋人采取压低收购价格的方法，胡雪岩就囤积不卖，双方僵持了数月，都到了承受的极限。而当时新丝已经上市，胡雪岩已经无力控制新丝收购市场，如果胡雪岩不能立即从眼下和洋人对峙的局面中摆脱出来，将很可能导致破产。为此，胡雪岩采取团结国内一切力量的方法，主动去上海拜见当地最大的商户，以民族大义打动了这位素不相识的老板，为胡雪岩提供了大量的经济援助，终于在和洋人的这次生丝贸易大战中取得了胜利。

　　胡雪岩的团结起来和外国人贸易的理念，不仅符合商业竞争中有效积累自身资本实力的目的，而且，深入揭示了中国商业发展中存在的积弊，这就是一盘散沙和相互争斗的内讧，这不仅给外国资本可乘之机，还给自己生意经营带来了巨大的隐患。因此,胡雪岩的团结思想,对于今天的商人来说具有现实的警示意义。

行动指南

坚持团结一切商户的理念,尽可能地扩大和稳固自己的商业战线,极力避免个人被孤立的局面。

星 期 二

互通有无

他到我们这里来做生意,我们也可以到他那里去做生意。

笔 记

胡雪岩和洋人做生意并不算是国内最早和西方人贸易的,但和一般商人与洋人贸易不同,胡雪岩主动和洋人做生意并不仅仅为了赚取利润,而是看到了中国和西方商业贸易的必然性,即商业贸易无国界,互通有无才是硬道理。

在胡雪岩看来,西方人虽然在科技上远远比中国先进和强大,但这并不意味着他们没有缺陷和不足。当时洋人对中国的贸易涉及各个行业,就东南沿海江浙地区而言,洋人以较低的价格大量收购生丝,这固然与生丝贸易中蕴藏的巨大利润有关,同时,还与西方国家在生丝生产上的局限性有着内在的联系。国与国之间的贸易是出于资源合理配置的需要,通过跨国贸易实现互通有无的目的,平衡生产与消费的关系,弥补自身产业结构的不足。胡雪岩虽然并不知晓这些经济原理,但他敏锐而深刻地意识到了这些。因此他认为,洋人可以到中国来做生意,中国人也可以将自己的产品卖到洋人的国家去。洋人的对华贸易绝不可能是短期的或者某一个行业领域,中国商人既要在时间上做好打持久战的思想准备,也要在各个行业上做好应对西方贸易的各种措施。这样才可以实现在互通有无的同时,获得巨额的利润。

今天,对外贸易已经成为国内商人生意经营的一种常态,但许多商人往往抱着单纯的赚取利润的目的和外商做生意，这固然符合商人做事的规律，但眼光毕竟短浅了些，如果能够放眼中外商贸乃互通有无的结果，那么，可以在制定对外贸易战略上保持更加冷静理性的立场和姿态，便于赚取更大的商业利润。

行动指南

不排斥对外贸易，还能够从互通有无的立场上，把对外贸易看做补充自己不足的一种必要措施，而绝不是仅仅出于赚钱目的才去和外国人打交道。

星期三
有饭大家吃

我一向的宗旨是：有饭大家吃，不但吃得饱，还要吃得好。所以，我绝不肯敲碎人家的饭碗。不过做生意跟打仗一样，总要用心协力，人人肯拼命，才会成功。

笔 记

胡雪岩的"有饭大家吃"的经商理念，蕴涵着丰富的商业管理内涵，对此，我们可以通过以下两个方面加以分析。

一是商业市场这个大蛋糕需要所有商人的共同参与才有可能做成。一般人只想到市场利润是人人都抢着切一块的大蛋糕，恨不得自己独自占有，而不让他人染指。而胡雪岩却希望所有人都来分这样一个有限的蛋糕，其中原因就在于他比一般商人看得更远，因为一般商人只看到商业市场的利润，而没有发现这个利润的存在是通过所有商人的努力才有的。也就是说，市场利润这个蛋糕的生产是依靠所有商人的经营才得以完成的，如果在分享的时候，把那些最初参与生产的人排挤出去，那么，对于分享者而言，固然可以分得更多一点利润，但这次分完之后呢？没有人再和自己一起去制作新的蛋糕，或者说新的利润将会越来越少，最终还是要殃及自己的。这就是胡雪岩倡导"有饭大家吃"的一个基本思想。

二是每个人都需要拼命才有可能成功。出于竞争者之间对利润的追逐,商人们即使在一起合作,也往往是表面的联合而很难做到真正的同舟共济,而胡雪岩要求大家不仅要合作,还要能够做到真正的"同心协力"、"人人肯拼命",这一点在现实中是很难做到的。这恰恰证明了胡雪岩经商理念远远高于一般商人的智慧,正是因为大家目光短浅,在合作中各怀鬼胎,不能心往一处使,才导致商业市场这个大蛋糕不能保持良性的生产和增大,才导致大家最终都没饭吃的局面。

今天,"人多好干活,人少好吃饭"的理念已经被商人们普遍接受,其实,这种思想带有极大的片面性,对于商业的良性发展非常有害。在如此背景下,重新反思胡雪岩的"有饭大家吃"的经商理念,也许可以给商人们更好的启示。

行动指南

面对商业利润,要在控制整个局面的前提下不吃独食,而是和众人一起分享,以此建立广大的合作伙伴关系,并为市场利润的再生产培育良好的环境。

星期四
抓住弱点

洋人也是人,也有缺点,只要抓住其弱点,自然可以与其相争。

笔 记

中国人对待洋人往往有两种非常极端的观念:一是把他们看做愚昧无知的夷人;二是把他们看做无所不能的神人。国人对洋人的这两种极端态度,在当时的商业领域中非常普遍,要么拒绝和洋人做生意,要么是不敢和洋人做生意。

胡雪岩身为封建社会的一个商人,不可能不受这种思想的影响。他也在和洋人打交道之初抱着非常谨慎的态度,但他毕竟打破了畸形观念的束缚,从这个意义上说,胡雪岩眼光的长远是令人敬佩的。

然而,让我们更敬佩的并不是他是否为"第一个吃螃蟹的人",而是在"吃螃蟹"之前对洋人采取的客观公正的姿态。由于当时国人对洋人了解甚少,一般人对洋人的认识大多停留在传闻的层面,就经商而言,大多将洋人传得神乎其神,认为是不可战胜的。而在和洋人经商之前,胡雪岩对他们也毫不了解,但胡雪岩可谓是"君子不出门便知天下事",依仗他过人的智慧和分析能力,得出"洋人也是人"的结论,这并不是当时一般人能够真正理解的。如何寻找洋人经营中的弱点,成为他和洋人商业竞争中的指导思想。这种认识观点,不仅为胡雪岩日后与洋人打交道树立了充分的信心,还为当时国内华人对外贸易指出了一条可以借鉴的明路。

行动指南

面对任何强大的竞争对手,都要毫不畏惧地把对手当作人而非神来看待,从对手身上寻找弱点和"死穴",然后抓住这些击败对手。

星期五
奋起救国

洋人践我中华已非一日,眼见白银流进他们的腰包,而我江浙桑农,破产不知几万家也,凡我中华国人,不奋起自救,还要到亡国灭种么?

笔 记

在积贫积弱的晚清时期,商人能够做到苟且保全性命于世,不去大发国难财已经不易,更何谈爱国救国呢?但胡雪岩就用他的拳拳爱国之心向世人证明了,在国难当头的危急时刻,商人们一样可以奋起救国。

当时江浙一带的生丝贸易被洋人控制得非常严重,洋人通过勾结地方官府和流氓势力的方法,垄断了东南沿海地区的生丝市场,采用低价收购的方法残酷剥削当地农民,这给当地人民经济带来了巨大的损失,但迫于洋人和地方官府的势力,农民们普遍敢怒不敢言。在这样的背景下,胡雪岩主动进军江浙地区的生丝贸易,这就不是单纯地为了赚取商业利润了,而是带有民族企业抗争外来资本压迫的爱国情感在里面了。从小的方面说,可以解决桑农生丝被洋人压价过低的问题,带给农民更多的利润和好处;从大的方面说,可以阻止国内白银外流的贸易逆差局面,避免亡国灭种的可怕结局。

虽然凭借胡雪岩的个人之力,是不可能挽救大厦将倾的晚清帝国,但作为商人能够不仅仅为自己的商业利润考虑,而是从国家发展的长远处着眼,这种商业理念是非常值得今天商人们学习的。

行动指南

国家兴亡,商人有责。不应该以利润为事业的唯一目标,还要做一个爱国的人,在成功赚取丰厚利润的同时,积极为国家兴亡做出应有的贡献。

第四周

星期一

同舟共济

在这些事关名族利益的生意上,从商之士,理应同心协力,同舟共济,而不应互相猜疑,彼此拆台,只要大家一条心,联合起来,一定可以把洋人压下去。

笔 记

胡雪岩在浙江地区从商多年,对于该地区生丝贸易留意已久,但当时东南沿海地区的生丝贸易被洋人完全控制,洋人对该地区生丝贸易进行低价收购,残酷剥削当地农民,弄得怨声载道。当时一批爱国商人很想与洋人斗法,而当时洋人在和中国商人竞争中不仅拥有资本雄厚的优势,还拥有世界上最先进的丝织加工机器,相比中国商人普遍落后的作坊加工,洋人通过提高生丝加工的效率和质量,可以大幅度地降低生产成本,提高利润的空间,增加与国内商人竞争的优势。

胡雪岩联合其他商人形成了一个强大的收购集团,出价远远高于洋人,以此弥补自己机器设备落后、加工效率低的不足。胡雪岩还招集当地重要商户,借助政府的力量,成立了蚕丝总商会,胡雪岩以商会的名义与其他商户同行一起联合收购当地的蚕丝,为了让大家能够同舟共济,胡雪岩规定商会成员全部由浙江地区的大富豪、乡绅地主、旧官僚等实力派担任,由此形成了一个强大的与洋人竞争的国内商人集团。

胡雪岩在商贸竞争中取得的主导地位,与他始终坚持同舟共济的思想是分不开的。

行动指南

树立合作共赢的意识。

星期二
正确对待"洋人"

同洋人做生意,两种态度完全要不得:一则以洋人为野蛮人,茹毛饮血,未经开化。一则见洋人则腿软骨酥,称之为父母大人,拿这两种态度来办洋务,岂有不丧权辱国的道理?

笔　记

胡雪岩把洋人看作竞争对手,尤其在江浙地区的蚕丝收购生意上,洋人长期的低价收购给当地农民带来了巨大的损失,出于维护民族商业利益和赚取个人财富的双重考虑,胡雪岩联合国内富商与洋人进行了面对面的较量。他之所以敢和洋人斗法,首先得益于他对待洋人的正确姿态。只要他存在着一点鄙视洋人或者献媚洋人的态度,都不会有后来商业竞争中如此的表现。

胡雪岩又把洋人看做重要的合作伙伴。他在初步涉足商业经营的时候,当时的洋人势力尚没有全面进入中国,所以,他把商业合作伙伴关系定位在国内商人和官府朝廷两个方面,后来随着沿海被迫对外通商,洋人势力已经全面入侵沿海通商口岸城市,胡雪岩认识到经商必须把洋人的重要性考虑在内,为此,他极力维持官方、商人、洋人三方力量的平衡,既为当时国内商业市场发展营造了一个实力均衡的环境,也通过利用和借助三方的势力更好地赚取利润。

当今社会,对外合作已经成为中国经济的重要组成部分。中国企业要走出国门,就必须具备全球性眼光,积极参与国际竞争,这样才能创立自己的世界品牌。

行动指南

以全球性眼光参与国际竞争。

星期三

气　度

生意的气度源于一个人的眼光,小零售商的老板,只能看得见一村一庄、一条街的生意。而做大生意的人却能看得见一省乃至全国的生意。他自己则把眼光放得更远,他看到了国外,知道同洋人做生意才是大有前途的事业。

笔　记

中国古语云:"气吞山河,气势夺人。"一个人是否拥有非凡的气度,是他能否成就一番大事业的重要因素。胡雪岩是一名商人,商人的气度首先在于是否具有远大的目光,能依据时局变化迅速做出经营战略发展的调整。在这个方面,胡雪岩要比当时国内其他商人更具有气度,他能够积极扩展自己经营的行业,从钱庄入手,逐渐渗透到药店、典当、漕运、军火等,逐步建立了一个庞大的生意经营集团,成为中国首屈一指的巨富。这种气吞万里的商业开拓精神,就是胡雪岩气度的体现。

但是,胡雪岩的这种气度并非是他一个人独有的,因为不断地扩展自己的生意经营地盘,壮大自己的实力,从而成就了成功商人的气度,而当时国内许多商人虽然在经营上远没有胡雪岩成功,但这种气度还是不同程度地存在的。那么,哪种气度更具有胡雪岩的个人气质呢?这就是在当时闭关锁国的封建保守主义思想统治中国的时局下,胡雪岩能够主动与洋人做生意的气度。这种气度不仅需要一个商人的魄力和胆略,还需要冷静的理性思考能力,因为只有对与洋人商贸的前途有了非常准确的判读之后,这种气度才算得上是一种商业智慧,否则,所谓的气度就只能是一种愚昧无知的匹夫之勇。

事实证明,胡雪岩后来与洋人经商顺应了社会历史发展的潮流,符合当时、今天、未来中国商业发展的利益,单就胡雪岩如此过人的智慧和胆略凝结而成的气度,这是何等伟大的事情啊。

行动指南

要具有非凡的气度,表现出比一般商人更长远的眼光和预测、判断未来商业发展趋向的能力,做到个人的商业行为符合、顺应整个历史发展的趋势。

星期四
取其精华

洋人也是人,七情六欲,一点不少,所以要一颗平常心,正确地看待"洋"字,才能取其精华,去其糟粕为我所用。

笔 记

对洋人保持一颗平常心,这是胡雪岩多年与洋人打交道的经验总结。这句话看起来并没有什么特殊之处,但在生活实践中能够做到保持平常心的并不容易。一方面,洋人对于当时的中国人而言,毕竟属于完全陌生的"新鲜事物"。另一方面,当时的洋人处于强势地位,不仅依靠强大的武装军事打开了中国的大门,逼迫清政府签订各种丧权辱国的条约,还处处插手、干涉中国内政,名义上洋人是以商人的身份与中国进行平等的竞争与合作,实际上从一开始就拥有了凌驾于中国人之上的特权,这对于国内商人而言,实际上是非常不公平的。

胡雪岩的"平常心",就是以正确的态度看待"洋":取其精华,去其糟粕为我所用。不能全盘否定,也不能全盘接受,而是有所辨别地"拿来",符合自身发展的东西可以合理地加以运用,不适宜自身的东西则予以舍弃。这是我们模仿、借鉴成功经验时必须遵循的原则。

行动指南

对待他人的经验要学会辨别好坏,取其精华,去其糟粕。

星期五
不 拘 泥

生意人首先要培养眼光,不可拘泥于一事、一物、一时、一地。

笔 记

　　任何事情的发展都是有规律可循的,商业也如此。但如果一个人完全按照前人的经验和模式死板教条地套用,那么肯定会一事无成。因为经验可以借鉴,规律可以掌握,模式可以效仿,却绝对不能不知道灵活变通。

　　胡雪岩做生意向来讲究不拘泥,例如他在经营钱庄的时候,既规定对待所有客户都必须严格按照交易的规则行事,认真办理存折凭据等手续,但他又能灵活机动,特殊情况特殊对待。当清政府向其借款之时,胡雪岩就不再严格拘泥于正常的经营路径,因为如果按照当时情况来看,清政府向他借的款很可能出现"违约",或者说赖账不还。因此,胡雪岩与清政府做生意已经背离了一般的商业规则,完全依靠个人对未来发展的判断能力。正是依赖此举,他不仅成功地结交了王有龄,还和左宗棠成为知己。这不仅开拓了钱庄生意,还壮大了他在其他生意行业上的资本。

　　今天,商业市场瞬息万变,如何认识和把握变化莫测的商业状况可谓难上加难,如果我们的商人还是死板教条地照搬什么经验和模式,而不能够做到灵活机动、随机应变,那么,这样的商业经营必将进入死胡同。

行动指南

　　根据商业市场中出现的新情况、新问题灵活处理经营规划,辩证地看待经过严密论证的规划发展方案,做到不拘泥于一事、一物、一时、一地。

主要参考书目

[1] 高阳著：《胡雪岩》(全三册)，生活·读书·新知三联书店 2006 年

[2] 侯树森编：《胡雪岩财富人生》，中国华侨出版社 2001 年

[3] 欧阳明镜著：《红顶商人胡雪岩的经营策略与处世之道》，贵州人民出版社 1999 年

[4] 史源译著：《解密绝世豪商胡雪岩——先做人后做事的"五字商训"》，中国华侨出版社 2003 年

[5] 王志刚编著：《经商要学胡雪岩》，中国华侨出版社 2004 年

图书在版编目(CIP)数据

胡雪岩管理日志/张兴龙,潘竞贤编著.—杭州:浙江大学出版社,2010.11
(国学管理日志)
ISBN 978-7-308-08058-3

Ⅰ.①胡… Ⅱ.①张…②潘… Ⅲ.①胡雪岩(1823~1885)—人物研究②胡雪岩(1823~1885)—商业经营—经验 Ⅳ.①K825.3②F715

中国版本图书馆 CIP 数据核字（2010）第 205776 号

胡雪岩管理日志

张兴龙　潘竞贤　编著

策 划 者	蓝狮子财经出版中心
责任编辑	王长刚
文字编辑	曲　静
出版发行	浙江大学出版社
	（杭州市天目山路 148 号　邮政编码 310007）
	（网址：http://www.zjupress.com）
排　　版	杭州大漠照排印刷有限公司
印　　刷	杭州杭新印务有限公司
开　　本	710mm×1000mm　1/16
印　　张	17.25
字　　数	297 千
版 印 次	2010 年 11 月第 1 版　2010 年 11 月第 1 次印刷
书　　号	ISBN 978-7-308-08058-3
定　　价	38.00 元

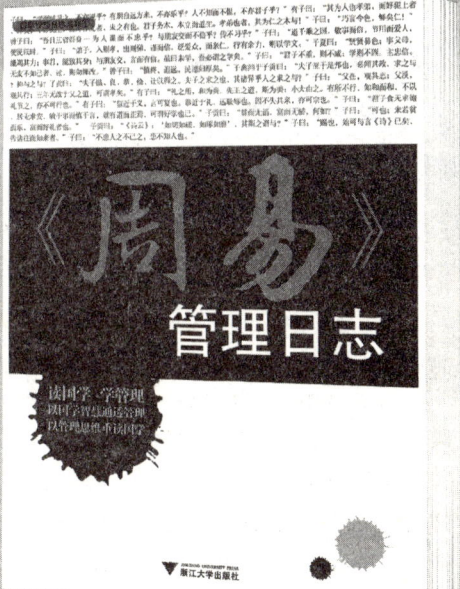